EL TRABAJO COMO INSTRUMENTO DE ACOMPAÑAMIENTO Y RECUPERACIÓN DE LA VÍCTIMA DE VIOLENCIA DE GÉNERO: ASPECTOS LEGALES Y BUENAS PRÁCTICAS NEGOCIALES

EL TRABAJO COMO INSTRUMENTO DE ACOMPAÑAMIENTO Y RECUPERACIÓN DE LA VÍCTIMA DE VIOLENCIA DE GÉNERO: ASPECTOS LEGALES Y BUENAS PRÁCTICAS NEGOCIALES

Ana Mª Romero Burillo

Atelier
LIBROS JURÍDICOS

Colección: Atelier Laboral
Directores:
José Ignacio García Ninet
Catedrático de Derecho del Trabajo y de la Seguridad Social

Este libro ha sido sometido a un riguroso proceso de revisión por pares.

© 2025 Ana Mª Romero Burillo

© 2025 Atelier
        Santa Dorotea 8, 08004 Barcelona
        e-mail: editorial@atelierlibros.es
        www.atelierlibrosjuridicos.com
        Tel. 93 295 45 60

I.S.B.N.: 979-13-87867-46-1
Depósito legal: B 15780-2025

Diseño y composición: Addenda, Pau Claris 92, 08010 Barcelona
                            www.addenda.es
Impresión: Podiprint

ÍNDICE

I. PRESENTACIÓN DEL TEMA 9

II. LA DETERMINACION DEL MARCO DE APLICACIÓN DE LAS MEDIDAS
LABORALES REGULADAS EN LA LOVG 25

III. LA REGULACIÓN LEGAL DE LAS MEDIDAS LABORALES DIRIGIDAS
A LA PROTECCIÓN DE LA TRABAJADORA VÍCTIMA DE VIOLENCIA
DE GÉNERO 35

1. Medidas relativas a la duración del contrato de trabajo 35

2. Medidas de adaptación de la jornada de trabajo: la reducción
de la jornada y la reordenación del tiempo de trabajo 40

3. La modificación de la forma de trabajar: el recurso al trabajo
a distancia 50

4. El cambio de lugar de trabajo a instancias de la trabajadora:
un supuesto atípico de movilidad geográfica 53

5. El supuesto especial de suspensión del contrato de trabajo 64

6. Mecanismos de blindaje frente al despido de la trabajadora víctima
de violencia de género 73

7. La extinción del contrato a iniciativa de la trabajadora víctima
de violencia de género 75

IV. LA REGULACIÓN DE LAS MEDIDAS LABORALES DE PROTECCIÓN
DE LA TRABAJADORA VÍCTIMA DE VIOLENCIA DE GÉNERO EN
LA NEGOCIACIÓN COLECTIVA Y BUENAS PRÁCTICAS NEGOCIALES 77

1. Consideraciones generales 77

2. La determinación del ámbito subjetivo de las medidas previstas
en las cláusulas convencionales 86

3. La regulación convencional sobre contratación laboral y período de prueba 89

4. El tratamiento convencional de la adaptación del tiempo de trabajo y las previsiones sobre trabajo a distancia 91

5. La regulación del cambio de lugar de trabajo 99

6. El régimen de suspensión del contrato de trabajo. 108

7. Previsiones convencionales sobre la extinción del contrato de trabajo 113

8. Otras cláusulas convencionales de mejora 115

V. VALORACIÓN FINAL Y PROPUESTAS DE FUTURO 121

VI. BIBLIOGRAFÍA 135

I. PRESENTACIÓN DEL TEMA

La violencia que se ejerce contra las mujeres es una violación de sus derechos humanos que pone en riesgo su integridad física y psicológica y la manifestación más extrema de la subordinación, la discriminación y la desigualdad jurídica, económica y social que padecen. Pero, además, las consecuencias de la violencia machista trascienden a las víctimas directas y afectan también a sus familias, amistades y a la sociedad en general. Nos encontramos, por tanto, ante un problema que tiene múltiples ramificaciones, que impacta en todas las facetas de la vida de las mujeres y de su entorno y que provoca sobre los países graves consecuencias sociales y económicas, impidiendo el avance definitivo y real hacia una sociedad justa e igualitaria.

Las expresiones de la violencia machista son múltiples, se desarrollan tanto en los espacios públicos, como privados y van dirigidas contra la mujer por el hecho de serlo o le afectan de forma desproporcionada, englobando delitos tales como la violencia sexual, incluida la violación, la mutilación genital femenina, el matrimonio forzado, el aborto, la esterilización, la trata de seres humanos con fines de explotación sexual, el acecho, el acoso sexual, el feminicidio, los delitos de honor, la incitación al odio y los delitos por razón de sexo y las formas de violencia en línea como el ciberacoso, entre otros[1].

Dentro de este amplio abanico de manifestaciones de violencia dirigida contra las mujeres se encuentran aquellas que se producen en el ámbito de las relaciones afectivas de pareja, en las que las mujeres representan un número desproporcionado de las víctimas debido a los patrones subyacentes de coacción, poder o control. A este respecto, los datos que se recogen en estudios e

---

1. Un interesante estudio sobre las diferentes manifestaciones de violencia contra las mujeres detectadas por la Relatora Especial de Naciones Unidas sobre violencia contra la mujer en las visitas realizadas entre 2015 y 2020 se encuentra en SANZ CABALLERO, Susana: «La violencia contra la mujer como lacra global: Estudio de los países visitados entre 2015 y 2020 por la Relatora Especial de Naciones Unidas sobre violencia contra la mujer», *Femeris*, vol 7, núm. 1, 2022.

informes elaborados periódicamente por diferentes instancias y organismos oficiales nos demuestran que esta violencia hunde sus raíces en la desigualdad de género, al ser una manifestación de la discriminación estructural contra las mujeres. Por tanto, no sólo se debe a los rasgos particulares de los agresores y de las víctimas, sino que se encuentra asentada en la propia estructura social y sus instituciones, y en una representación cultural que define las identidades y las relaciones entre los hombres y las mujeres[2].

En este sentido, por ejemplo, según el informe publicado en el año 2021 por la Organización Mundial de la Salud (OMS) en el que se analizan los datos sobre la prevalencia de este problema en 161 países y zonas entre 2000 y 2018, realizado en nombre del Grupo de Trabajo interinstitucional de las Naciones Unidas sobre la violencia contra la mujer en todo el mundo, se indica que casi una de cada tres mujeres (un 30%) ha sufrido violencia física y/o sexual por su pareja o violencia sexual por alguien que no era su pareja o ambas. Más de una cuarta parte de las mujeres de entre 15 y 49 años que han tenido una relación de pareja han sido objeto de violencia física y/o sexual de pareja al menos una vez en su vida (desde los 15 años). Las estimaciones sobre la prevalencia de la violencia de pareja sufrida a lo largo de la vida van del 20% en la Región del Pacífico Occidental de la OMS, 22% en los países de ingresos elevados y la Región de Europa de la OMS y 25% en la Región de las Américas de la OMS, al 33% en la Región de África de la OMS, 31% en la Región del Mediterráneo Oriental de la OMS y 33% en la Región de Asia Sudoriental de la OMS. Y, a nivel mundial, hasta el 38% de los asesinatos de mujeres son cometidos por su pareja[3].

El estudio elaborado por la Agencia de los Derechos Humanos de la Unión Europea (FRA) sobre violencia de género contra las mujeres publicado en 2014, indica que en la UE dos de cada cinco mujeres, es decir, el 43% de las encuestadas, habían sufrido alguna forma de violencia psicológica por parte de su pareja actual o de una anterior y el 22% habían experimentado violencia física y/o sexual por parte de la pareja (actual o anterior) desde los 15 años[4].

Por lo que respecta a España, los números son igualmente alarmantes. Según la última Encuesta Europea de Violencia de Género correspondiente al año 2022 se estima que del total de mujeres residentes en el Estado español con edades comprendidas entre los 16 y los 74 años y que han tenido alguna vez pareja, el 28,7% (4.806.054 mujeres) ha sido víctima de algún tipo de violencia (psicológi-

---

2. Vid. ARAGÓN GÓMEZ, Victoria y ALCINA AZNAR, Antonio Sergio: «Violencia de género contra las mujeres: la complicidad silenciada», *Femeris*, vol. 6, núm. 3, 2021, p. 97.

3. Vid. ORGANIZACIÓN MUNDIAL DE LA SALUD, *Violence against women Prevalence Estimates, 2018. Estimaciones mundiales, regionales y nacionales de la prevalencia de la violencia de pareja contra la mujer y estimaciones mundiales y regionales de la prevalencia de la violencia sexual sufrida por la mujer por alguien que no es su pareja*. OMS, Ginebra, 2021. https://www.who.int/es/news-room/fact-sheets/detail/violence-against-women.

4. Vid. AGENCIA DE LOS DERECHOS HUMANOS DE LA UNIÓN EUROPEA(FRA): *Violencia de género contra las mujeres: una encuesta a escala de la UE*, Oficina de Publicaciones de la Unión Europea, Luxemburgo, 2014, pp. 12 y ss.

ca, física —incluyendo amenazas—, sexual) por parte de la pareja o de la expareja. En cuanto a los datos de prevalencia de la violencia en la pareja o expareja, atendiendo a cuándo se produjo por última vez dicha violencia, se estima que en los últimos 5 años el porcentaje de mujeres afectadas había sido de un 11,2% (1.878.515) y, si se establece un periodo más cercano y corto, los últimos 12 meses, el porcentaje estimado fue del 4,4% (735.399)[5].

Estos datos, deben necesariamente completarse con los referidos a las mujeres víctimas mortales por violencia de género a manos de sus parejas o exparejas. A este respecto, según el informe periódico que elabora la Delegación del Gobierno contra la violencia de género, entre el 1 de enero de 2003, fecha en la que se inicia el cómputo de las mujeres víctimas mortales por violencia de género y el 31 de diciembre de 2024, el número de feminicidios ascendía a un total de 1293, sin que ningún año esta cifra haya estado por debajo de las 48 muertes, habiéndose producido, incluso, en el año 2023, un repunte de las muertes, situándose la cifra en 58 mujeres asesinadas, un dato que no se producía desde el año 2015[6], en el que el número de mujeres asesinadas fue de 59[6].

Atendiendo, por tanto, a los datos que se acaban de exponer, resulta incuestionable que nos encontramos ante una lacra social intolerable que debe combatirse a todos los niveles y en todos los ámbitos.

Por ello y, como no podía ser de otra forma, tanto los organismos internacionales, como las instituciones europeas han mantenido una posición firme al respecto, adoptando a lo largo de los años diferentes medidas dirigidas a erradicar cualquier forma de violencia contra las mujeres[7]. En este sentido, cabe mencionar, en el marco de las Naciones Unidas, la Convención de Naciones Unidas sobre la eliminación de todas las formas de discriminación contra la

---

5. Vid. Encuesta Europea de Violencia de Género 2022. Informe ejecutivo. https://violenciagenero.igualdad.gob.es/violenciaEnCifras/Encuesta_Europea/docs/Res_ejecutivo.pdf

6. Vid. https://estadisticasviolenciagenero.igualdad.gob.es/ Delegación del Gobierno contra la Violencia de Género. Secretaría de Estado de Igualdad y para la erradicación de la violencia contra las mujeres. Ministerio de Igualdad.

7. Para un estudio en profundidad sobre esta materia vid., entre otros estudios, QUESASA SEGURA, Rosa: «La no discriminación, la igualdad de trato y de oportunidades, en el ordenamiento europeo: Del Convenio Europeo de Derechos Humanos del Consejo de Europa, a los Tratados y a la Carta de los Derechos Fundamentales de la Unión Europea», *Revista del Ministerio de Trabajo y Asuntos Sociales*, núm. Extra 3, 2007, pp. 53 y ss.; ROMAN MARTÍN, Laura: «Marco internacional de protección de las víctimas de violencia de género» en GIMÉNEZ COSTA, Ana (Dir.): *Las respuestas del derecho ante la violencia de género desde un enfoque multidisciplinar*, Thomson Reuters Aranzadi, Cizur Menor (Navarra), 2019, pp. 71 y ss.; ROMERO PARDO, Paz: «La protección de las víctimas de violencia de género en el ordenamiento jurídico internacional» en QUESADA SEGURA, Rosa (Dir.) y QUESADA PERÁN, Salvador (Coord.): *La perspectiva laboral de la protección integral de las mujeres víctimas de violencia de género*, Comares, Granada, 2009, pp. 109 y ss; USHAKOVA, Tatsiana: «La violencia de género desde la perspectiva del derecho internacional» en MELLA MÉNDEZ, Lourdes (Dir.): *Violencia de género y Derecho del Trabajo: estudios actuales sobre puntos críticos*, La Ley, Madrid, 2012, pp. 37 y ss.

mujer de 1979 (CEDAW)[8] y su protocolo facultativo de 1999[9]. A dichos instrumentos, cabe añadir, además, las numerosas resoluciones de condena a la violencia contra la mujer que se suceden desde los años ochenta, considerándola como una privación de derechos humanos, así como los informes elaborados en el seno de las Conferencias Mundiales sobre la Mujer, entre los que destacan el correspondiente a la III Conferencia Mundial sobre la Mujer (Nairobi, 1985), que introduce dos compromisos específicos para los Estados —la asistencia a las mujeres víctimas de violencia y la necesidad de fomentar y acrecentar la conciencia pública en este tema, fomentando la responsabilidad de toda la sociedad civil— y, el de la IV Conferencia Mundial sobre la Mujer (Beijing, 1995), que supuso la aprobación de una Plataforma de Acción en la que se incluían doce áreas de actuación, una de ellas específicamente de violencia contra la mujer.

Asimismo, destaca también la labor de la Comisión de la Condición Jurídica y Social de la Mujer (CSW), principal órgano internacional intergubernamental dedicado exclusivamente a la promoción de la igualdad de género y al empoderamiento de la mujer. En marzo de 2013, se celebró la 57ª sesión de dicha Comisión, cuyo tema prioritario fue la «Eliminación y prevención de todas las formas de violencia contra las mujeres y niñas».

En el marco de los organismos autónomos dependientes de la ONU, cabe destacar como hito más reciente la aprobación del Convenio Núm. 190[10] y la Recomendación Núm. 206 de la OIT, en tanto que son las primeras normas internacionales del trabajo que proporcionan un marco común para prevenir, intervenir y eliminar la violencia y el acoso en el mundo del trabajo y en las que, además de incluirse expresamente la violencia y el acoso por razón de sexo y de género, se hace también mención a la necesidad de mitigar los efectos que la violencia doméstica tiene sobre el mundo del trabajo[11].

También en el ámbito del Consejo de Europa se han realizado numerosas aproximaciones para afrontar cualquier forma de violencia contra la mujer. En lo referido a instrumentos jurídicos, el texto fundamental adoptado por el Consejo es el Convenio Europeo para la Protección de los Derechos Humanos y las Libertades Fundamentales, aprobado en Roma el 4 de noviembre de 1950. En línea con dicho Convenio y otros instrumentos adoptados con posterioridad en esta misma sede (convenios, protocolos, recomendaciones, etc.) y, centrado expresamente en la lucha contra la violencia machista, no podemos dejar de mencionar el Convenio sobre prevención y lucha contra la violencia contra la mujer y la violencia doméstica suscrito en Estambul el 11 de mayo de 2011 (Convenio de Estambul)[12].

---

8. Ratificado por España mediante instrumento de 16 de diciembre de 1983. BOE de 21 de marzo de 1984.

9. Ratificado por España mediante instrumento de 29 de junio de 2001. BOE de 9 de agosto de 2001.

10. Este Convenio fue ratificado por España mediante instrumento de 25 de mayo de 2022. BOE de 16 de junio de 2022.

11. Vid. Preámbulo y Art. 10 f) del Convenio Núm. 190 de la OIT y Apartado 18 de la Recomendación Núm. 206 de la OIT.

12. Ratificado por España mediante Instrumento de 10 de abril de 2014. BOE 6 de junio de 2014.

Por lo que respecta a la acción desarrollada por la Unión Europea, en la medida en que la igualdad entre mujeres y hombres constituye un valor fundamental de la Unión consagrado en los Tratados y es uno de sus objetivos y cometidos, según se indica en el artículo 23 de la Carta de los Derechos Fundamentales de la Unión Europea, desde sus diferentes instancias se han llevado a cabo numerosas iniciativas a este respecto. En este sentido, por ejemplo, el Parlamento Europeo inició en 1986 un proceso de elaboración de resoluciones sobre las agresiones a las mujeres, la pornografía, las violaciones de las libertades y derechos fundamentales de las mujeres y la trata de personas que culminó con la Resolución del Parlamento Europeo sobre la violación de los derechos de las mujeres, de 14 de abril de 1997. En este mismo marco, el 16 de septiembre de 1997 el Parlamento Europeo aprobó la Resolución sobre «Una campaña europea sobre tolerancia cero ante la violencia contra la mujer».

Unos meses después de la aprobación de la Resolución del Parlamento Europeo, en 1998, de acuerdo con el compromiso adoptado en el Consejo Europeo celebrado en Madrid los días 15 y 16 de diciembre de 1995, la Unión Europea se comprometía a realizar un seguimiento anual de la Plataforma de Acción surgida en la Conferencia de Pekín. Desde el año 2006, el Plan de trabajo para la igualdad entre las mujeres y los hombres en la Unión Europea, incluye, por primera vez, un apartado dedicado a la erradicación de todas las formas de violencia de género, la mutilación genital femenina, los matrimonios forzados, la seguridad, la libertad, la dignidad y la integridad física y emocional. A este Plan le sucederá la Estrategia para la igualdad entre mujeres y hombres 2010-2015[13], que tiene entre sus cinco pilares el de «Dignidad, integridad y fin de la violencia sexista» y, actualmente, se cuenta con la Estrategia Europea para la Igualdad de Género 2020-2025[14], que fija como uno de sus objetivos fundamentales poner fin a la violencia de género.

La Resolución del Parlamento Europeo, de 26 de noviembre de 2009, sobre la eliminación de la violencia contra la mujer, insta a los Estados miembros a que mejoren sus legislaciones y políticas nacionales destinadas a combatir las causas de la violencia contra la mujer y emprendan acciones para combatir las causas de violencia contra la mujer, en particular mediante acciones de prevención. Así quedó también recogido en el informe del Parlamento Europeo sobre el nuevo marco político para combatir la violencia contra la mujer, aprobado en marzo de 2011.

---

13. Vid. Comunicación de la Comisión al Parlamento Europeo, al Consejo, al Comité Económico y Social Europeo y al Comité de las Regiones, *Estrategia para la igualdad entre mujeres y hombres 2010-2015*, de 21 de septiembre de 2010, COM (2010), 491 final. https://eur-lex.europa.eu/legal-content/ES/TXT/?uri=celex%3A52010DC0491.

14. Vid. Comunicación de la Comisión al Parlamento Europeo, al Consejo, al Comité Económico y Social Europeo y al Comité de las Regiones, *Una Unión de la Igualdad: Estrategia para la Igualdad de género 2020-2025*, de 5 de marzo de 2020, COM (2020), 152 final. https://commission.europa.eu/strategy-and-policy/policies/justice-and-fundamental-rights/gender-equality/gender-equality-strategy_es.

El Pacto por la Igualdad de Género 2011-2020 adoptado por el Consejo Europeo de 7 de marzo de 2011, contiene previsiones específicas para la prevención de las distintas formas de violencia sobre la mujer, indicando, entre otras, la adopción, aplicación y supervisión de estrategias a escala nacional, la implicación de los hombres y el refuerzo de la prevención.

Junto a las iniciativas anteriores, también son destacables los sucesivos Programas DAPHNE[15], posteriormente incluidos en el Programa «Derechos, Igualdad y Ciudadanía» (2014-2020)[16] y actualmente en el Programa «Ciudadanos, Igualdad, Derechos y Valor (2021-2027)[17], el Programa PROGRESS[18], así como el denominado «Paquete para Víctimas», que fue lanzado por la Comisión en mayo de 2011, conformado por dos normas sobre protección a las víctimas de delito en las que las víctimas de violencia de género ocupan una parte importante[19].

Asimismo, se han sucedido desarrollos normativos que se refieren a normas específicas de violencia como son, la Directiva 2002/73 de 23 de septiembre de 2002 del Parlamento y del Consejo, por la que se reforma la Directiva 76/207/CEE, relativa a la aplicación del principio de igualdad de trato entre hombres y mujeres en lo que se refiere al acceso al empleo, a la formación y a la promoción profesionales, y a las condiciones de trabajo, el «acoso sexual»[20] o, en el ámbito de la trata de seres humanos, la Directiva 2011/36 de 5 de abril de 2011 del Parlamento y del Consejo, relativa a la prevención y lucha contra la trata de seres humanos y a la protección de las víctimas[21].

Finalmente, dando cumplimiento a los compromisos asumidos en la Estrategia Europea para la Igualdad de género 2020-2025, no podemos olvidar señalar la entrada en vigor en la Unión Europea del Convenio de Estambul, el 1 de octubre de 2023, una vez conseguida la ratificación de los 27 Estados miembros,

---

15. El Programa DAPHNE se aprueba por primera vez por Decisión Núm. 293/2000/CE, del Parlamento Europeo y del Consejo, de 24 de enero de 2000, para el período 2000-2003, el cual ha tenido continuidad por Decisión Núm. 803/2004/CE del Parlamento Europeo y del Consejo, de 21 de abril de 2004, Programa DAPHNE II, para el período 2004-2008 y mediante Decisión Núm. 779/2007/CE del Parlamento Europeo y el Consejo de 20 de junio de 2007, Programa DAPHNE III, para el período (2007-2013), por la que se establece, un programa específico para prevenir y combatir la violencia ejercida sobre los niños, los jóvenes y las mujeres y proteger a las víctimas y grupos de riesgo.

16. Programa aprobado por el Reglamento (UE) Núm. 1381/2013 del Parlamento Europeo y del Consejo, de 17 de diciembre de 2013.

17. Programa aprobado por el Reglamento (UE) 2021/692 del Parlamento Europeo y del Consejo de 28 de abril de 2021.

18. Programa aprobado por Decisión Núm. 284/2010/UE del Parlamento Europeo y del Consejo de 25 de marzo de 2010, por la que se establece un programa comunitario para el empleo y la solidaridad social a través del que se financian las acciones de la UE en materia de igualdad de género.

19. Concretamente se trata del Reglamento UE 606/2013 del Parlamento Europeo y del Consejo de 12 de junio de 2013, sobre el reconocimiento mutuo de las medidas de protección en materia civil, que viene a completar la recién aprobada Euroorden que se refiere al ámbito penal y la Directiva 2012/29/UE del Parlamento Europeo y del Consejo, de 25 de octubre de 2012 por la que se establecen normas mínimas sobre los derechos, el apoyo y la protección de las víctimas de los delitos.

20. DOCE L 269, de 5 de octubre de 2022.

21. DOUE L 101, de 15 de abril de 2011.

tras seis años de adhesión al instrumento internacional del Consejo de Europa, así como la elaboración de una propuesta de Directiva sobre la lucha contra la violencia contra las mujeres y la violencia doméstica puesta en marcha en el año 2022[22], la cual, recientemente, ha tenido su concreción con la aprobación de la Directiva (UE) 2024/1385, de 14 de mayo sobre la lucha contra la violencia contra las mujeres y la violencia doméstica[23].

La Directiva 2024/1385 es el primer instrumento jurídico integral a nivel de la UE para hacer frente a la violencia contra las mujeres. Tipifica como delito determinadas formas de violencia física, tanto en línea como fuera de línea. La Directiva también prevé un amplio conjunto de medidas para la protección, el acceso a la justicia y la asistencia a las víctimas, por ejemplo, refugios, centros de urgencia para casos de violación y líneas telefónicas de ayuda. A la espera de constatar cómo se produce la transposición de las disposiciones que contiene dicha Directiva en los ordenamientos internos de los Estados miembros, para lo cual se cuenta con un plazo de 7 años (hasta el 14 de junio de 2032), no cabe duda de que nos encontramos ante hito normativo, a nivel de la Unión Europea, en materia de lucha contra la violencia contra las mujeres.

En cuanto a la acción llevada a cabo a nivel estatal, cabe indicar que España, como no podía ser de otra manera, cuenta, desde hace tiempo, con una agenda propia en la implementación de políticas públicas relacionadas con la prevención y lucha contra la violencia sobre la mujer.

La apuesta firme que realizan las autoridades españolas por la prevención y lucha contra la violencia de la mujer no es una opción, sino una obligación que emana de la propia Constitución Española. Efectivamente, los poderes públicos, conforme a lo dispuesto en el artículo 9.2 CE, tienen la obligación de promover las condiciones para que la libertad y la igualdad de todas las personas sean reales y efectivas y de remover los obstáculos que impidan o dificulten su plenitud y, en consecuencia, les corresponde la prevención, detección, atención y erradicación de este tipo de violencia y la adopción de medidas para hacer efectivos y reales los derechos fundamentales a la libertad, la igualdad, la vida, la seguridad, la dignidad y la no discriminación. Además, de que la puesta en marcha de políticas públicas en materia de violencia contra las mujeres tiene también el objetivo de dar cumplimiento a los compromisos internacionales que ha venido contrayendo a lo largo de los años nuestro Estado en materia de igualdad, lucha contra la discriminación y erradicación de la violencia por razones de género.

En este contexto debe situarse la aprobación de la Ley Orgánica 1/2004, de 28 de diciembre, de medidas de protección integral contra la violencia de género[24] (en adelante LOVG), la cual, aunque no es la primera respuesta ofrecida desde instancias gubernamentales a la lacra social que supone la violencia ma-

---

22. COM (2022) de 8 de marzo de 2022.
23. DOCE L, de 24 de mayo de 2024.
24. BOE de 29 de diciembre de 2004.

chista[25], supone un punto de inflexión en la configuración y el tratamiento normativo de este tipo violencia a nivel estatal, al abordar la prevención y protección de la víctima de violencia de género desde una perspectiva multidisciplinar.

En este sentido, la LOVG parte de la concepción de la violencia contra las mujeres como un fenómeno poliédrico, que ofrece diferentes ángulos desde los que se debe abordar, existiendo la convicción de que la erradicación de este tipo de violencia no es posible únicamente a través de la vía represiva o sancionadora, sino que se hace necesario que tales medidas se vean acompañadas por otras que incidan en el ámbito de la educación, la sanidad, la comunicación, etcétera. Pero, además, se constata que los efectos que se derivan de una situación de violencia de género son muchos y diversos y, por ello, se hace necesario que junto a una buena tutela y asistencia social de la víctima se garantice que esa vivencia traumática no repercuta sobre otras facetas personales y profesionales de la mujer[26].

Pues bien, atendiendo a la voluntad que expresa la norma de realizar un tratamiento legislativo integral, es decir, que atienda a todas las facetas preventivas y protectoras de las víctimas de violencia de género, es posible identificar un conjunto de medidas dirigidas a garantizar los derechos laborales y los consiguientes derechos de seguridad social de la mujer trabajadora que tiene la condición de víctima de violencia de género.

El interés que manifiesta la norma por la introducción de medidas que garanticen la permanencia en el trabajo y su desarrollo de forma satisfactoria se justifica plenamente en el trascendental papel que juega el trabajo en nuestra sociedad, no sólo como medio principal de subsistencia con el que cuentan la mayoría de las personas, sino también como medio de integración social y desarrollo personal. Y, en este sentido, si el trabajo se configura, en general, como un instrumento clave tanto en el ámbito privado/personal, como en el ámbito social, en el caso de la mujer maltratada se revela como algo básico y fundamental, ya que a la víctima de violencia de género el desempeño de un puesto de trabajo le permite, por un lado, disponer de una independencia económica que resulta indispensable para afrontar la dura realidad que le toca vivir y, por otro

---

25. A este respecto cabe indicar que, con anterioridad a la LOVG ya se habían adoptado tanto a nivel estatal como autonómico, medidas normativas de carácter parcial dirigidas a la protección de las mujeres víctimas de violencia de género. En este sentido, vid. por ejemplo, a nivel estatal, Ley 27/2003, de 31 de julio, reguladora de la Orden de Protección de las Víctimas de Violencia Doméstica (BOE de 1 de agosto de 2003), y Ley Orgánica 15/2003, de 25 de noviembre, por la que se modifica la LO 10/1995, de 23 de noviembre, del Código Penal (BOE de 26 de noviembre de 2003). Y, a nivel autonómico, Ley 7/2001, de 17 de mayo, de prevención de malos tratos y de protección a las mujeres maltratadas de la CA de Castilla-La Mancha (BOE de 21 de junio de 2001) y Ley 16/2003, de 8 de abril de prevención y protección integral de las mujeres contra la violencia de género de la CA de Canarias (BOE de 8 de julio de 2003).

26. Vid. Exposición de Motivos LOVG.

lado, le ayuda a romper con el aislamiento y el riesgo de exclusión social a la que las situaciones de maltrato pueden conducir[27].

El mantenimiento en activo de la mujer maltratada, las relaciones sociales en el marco de la empresa, la valoración del trabajo, entre otros aspectos, son elementos que actúan de forma positiva en la víctima de violencia de género y permiten afrontar con mayores expectativas de éxito la superación de la dramática situación que vive la mujer, configurándose como un cauce de normalización de su vida, potenciando, en cierta medida, la operatividad y eficacia de otras medidas, especialmente las denominadas de tutela institucional[28].

A este respecto y según el informe «Violencia de Género y empleo 2024» elaborado por la Fundación Adecco, en 2023 la violencia alejó del empleo a 7 de cada 10 mujeres. El 70% de las mujeres víctimas de violencia de género encuestadas consideraron que la violencia sufrida mermó sus oportunidades laborales, ya sea por la pérdida de autoestima y seguridad (65%) o porque teniendo trabajo se vieron forzadas a dejarlo por la presión ejercida por sus parejas (33%). Asimismo, se constata que el 55,5% de las encuestadas llevaba más de un año buscando empleo y, entre los principales obstáculos con los que se encontraron en la búsqueda de un trabajo destacan, la inseguridad y autoestima (65%), el temor a ser localizadas por la persona agresora en el puesto de trabajo (44%) y la incompatibilidad de horarios (33%). Y si el desempleo es de larga duración, aboca a la mujer víctima de violencia de género a la pobreza y a la precariedad. En concreto el 97,3% manifestó algún grado de dificultad para llegar a fin de mes[29].

Todas las consideraciones anteriores justifican, a nuestro parecer, sobradamente, la incorporación en la LOVG de medidas destinadas a la protección de la trabajadora víctima de violencia de género y cabe felicitarse por ello.

Cabe indicar, no obstante, que la LOVG no inaugura la preocupación legislativa en el ámbito laboral y de Seguridad Social hacia el fenómeno de la violencia padecida por las mujeres como tales, pero sí intenta abordarlo de una forma novedosa. En este sentido, aunque se afirme que las normas anteriores también incidían en «ámbitos sociales» lo cierto es que sólo se hacía de forma indirecta.

A tal efecto, los Programas de Fomento del Empleo o ciertas modalidades de asistencia social, como la Renta Activa de Inserción, sí tenían en cuenta a determinadas categorías de mujeres identificadas de modo análogo a las que ahora son destinatarias de la LOVG. Y, de igual forma, por vía de subsunción en las

---

27. Vid. MONEREO PÉREZ, José Luis y TRIGUERO MARTÍNEZ, Luis Ángel: *La víctima de violencia de género y su modelo de protección social*, Tirant lo Blanch, Valencia, 2009, p. 123.

28. Vid. en este sentido, ARIAS DOMÍNGUEZ, Ángel: *Protección laboral y de Seguridad Social de la Violencia de Género*, Universidad de Extremadura. Servicio de Publicaciones, Cáceres, 2008, p. 17. Y QUINTANILLA NAVARRO, Beatriz: «Violencia de género y derechos sociolaborales: la LO 1/2004, de 28 de diciembre, de Medidas de Protección Integral contra la Violencia de Género», *Temas Laborales*, núm. 80, 2005, p. 32.

29. Vid. FUNDACIÓN ADECCO: *Informe Violencia de género y empleo 2023*, https://fundacionadecco.org/wp-content/uploads/2023/11/Informe-Violencia-de-genero-y-empleo-1.pdf, pp. 12-15.

categorías legales de alcance general, la situación de la víctima de violencia machista también ha podido ser afrontada por diversas instituciones laborales (justificación de ausencias, preferencias en traslados, suspensiones pactadas, excedencias, etc.) o de protección social (cobertura a través de prestaciones de incapacidad temporal, etc.). Se trata, sin embargo, de previsiones aisladas o de interpretaciones voluntaristas, muy alejadas de la contemplación frontal y clara del problema que se lleva a cabo en la LOVG. Normas, asimismo, ajenas a las preocupaciones preventivas que alumbra la LOVG y poco atentas a los requerimientos que la victimología demanda[30].

Partiendo, por tanto, de la premisa de que el trabajo se configura como un ámbito fundamental para la normalización de la vida de la víctima de violencia de género, las previsiones normativas contenidas en el Capítulo II del Título II LOVG y que tienen su concreción en las Disposiciones Adicionales Séptima y Octava de la misma ley, van dirigidas a reconocer una serie de derechos laborales y de seguridad social a la víctima de violencia de género que tratan de garantizar el empleo de la mujer y su protección social, dando respuesta a una situación no deseada de violencia, intentando acomodar razonablemente las obligaciones laborales de la trabajadora y haciéndolas compatibles con el derecho a la vida e integración física y de asistencia social integral.

Por lo que respecta a las medidas laborales, éstas actúan en dos ámbitos diferentes. Un primer ámbito es el de la conciliación de la situación personal de la víctima de violencia de género con la vida laboral, en el que se prevén un conjunto de medidas flexibilizadoras de la relación laboral que pretenden armonizar el derecho de la protección de la mujer trabajadora con el desarrollo de su trabajo por cuenta ajena, las cuales se escalonan entre sí, en una secuencia de intensidad creciente que actúan sobre las condiciones de trabajo. Y, un segundo ámbito se centra, por un lado, en medidas dirigidas a garantizar la subsistencia del contrato de trabajo cuando las circunstancias que afectan a la trabajadora hacen incompatible su desarrollo en los términos inicialmente pactados, ofreciendo un blindaje frente a la facultad empresarial de extinguir el contrato de trabajo y, por otro lado, en medidas vinculadas a la extinción del trabajo destinadas a amortiguar los efectos de la pérdida del trabajo cuando resulta imposible su desarrollo.

Por su parte, las medidas de protección social de la víctima de violencia de género se estructuran a través de la doble red de protección prevista por nuestro ordenamiento jurídico para el conjunto de la ciudadanía, la Seguridad Social y la Asistencia Social y pueden agruparse en tres bloques diferenciados: un primer bloque lo componen las medidas dirigidas a mantener y completar la carrera de seguro de este colectivo, un segundo bloque está conformado por medidas que

---

30. Vid. SEMPERE NAVARRO, Antonio V. y BARRIOS BAUDOR, Guillermo L.: «Protección en el ámbito social» en RIVAS VALLEJO, Mª Pilar y BARRIOS BAUDOR, Guillermo L. (Dirs.): *Violencia de Género. Perspectiva Multidisciplinar y Práctica Forense*, Aranzadi, Cizur Menor (Navarra), 2007, pp. 432 y 433.

tienen incidencia directa en la acción protectora del sistema ya sea porque se articulan con carácter instrumental para hacer efectiva la tutela de las medidas laborales, como sucede con la prestación por desempleo en los supuestos de suspensión y extinción del contrato de trabajo, ya sea para adaptar las prestaciones existentes y poder dar una respuesta satisfactoria a la víctima violencia de género y, finalmente, un tercer bloque de medidas consisten en la previsión de beneficios de cotización dirigidos a asegurar el mantenimiento del puesto de trabajo, o bien, dirigidos a fomentar la contratación de este colectivo.

No acaban aquí las previsiones introducidas por la LOVG, ya que además de contemplar un conjunto de medidas dirigidas a la trabajadora por cuenta ajena, la norma también se refiere a la víctima funcionaria pública y a la trabajadora por cuenta propia o autónoma. A este respecto, el Capítulo III del Título II LOVG incorpora, con idéntica finalidad que para el caso de la trabajadora por cuenta ajena, unas previsiones en la Disposición Adicional Novena que se concretan en un conjunto de medidas protectoras con las peculiaridades que se derivan de la prestación de servicios en el empleo público. Por su parte, de una forma más sucinta y, en relación con la trabajadora autónoma, el art. 21.5 LOVG introduce el cese temporal o definitivo de actividad como vía de protección y la consiguiente adaptación de los requisitos exigidos para la cobertura de seguridad social en dichos supuestos[31].

Finalmente, todas estas medidas anteriormente señaladas se completan con las previsiones contenidas en el art. 22 de la LOVG y que van dirigidas a facilitar la búsqueda de la independencia económica de las mujeres que han sido o son víctimas de violencia de género, consistentes en la instauración de un programa específico de empleo y el establecimiento de incentivos dirigidos a favorecer el inicio de una nueva actividad por cuenta propia.

A partir de este nuevo contexto normativo que nos ofrece la LOVG, se abre un interesante campo de estudio correspondiente al régimen jurídico de la protección de la trabajadora víctima de violencia de género, campo que, como acabamos de constatar, es ciertamente extenso y que requiere de un análisis detenido y en profundidad de cada uno de los aspectos regulados por la LOVG.

Dentro del amplio abanico de opciones de análisis que nos ofrece el nuevo marco regulador de la protección de la trabajadora víctima de violencia de género, en este estudio vamos a centrar nuestra atención en el conjunto de medidas laborales previstas por la LOVG y que tienen su traslación en el Real Decreto Legislativo 2/2015, de 23 de octubre, por el que se aprueba el Texto

---

31. La escasez de previsiones destinadas a la trabajadora autónoma fue posteriormente ampliada con la aprobación de la Ley 20/2007, de 11 de julio, del Estatuto del Trabajo Autónomo (BOE de 12 de julio de 2007), (en adelante LETA), si bien, las medidas previstas no se destinan a todas las trabajadoras autónomas, sino únicamente a aquellas que pueden ser incluidas dentro de la categoría de «trabajadoras autónomas económicamente independientes». Las medidas previstas se contienen en los art. 14 a 16 LETA y van dirigidas a facilitar la adaptación del horario de trabajo, la interrupción de la actividad motivadas por el acceso a los servicios integrales de protección considerándose ausencias justificadas y la posibilidad de extinguir el contrato a iniciativa de la trabajadora.

Refundido de la Ley del Estatuto de los Trabajadores[32] (en adelante ET). Es decir, el conjunto de mecanismos jurídicos que se incorporan a nuestro ordenamiento laboral con la finalidad de mantener en su puesto de trabajo a la trabajadora por cuenta ajena víctima de violencia de género o de facilitar el cese temporal o definitivo de su actividad profesional.

El estudio de esta materia en concreto nos parece especialmente interesante por diferentes motivos, en primer lugar, por la novedad absoluta que supone la incorporación en una norma básica reguladora del trabajo por cuenta ajena, como es el ET, de medidas del alcance de las previstas en la LOVG. Ya que, si bien, como ya se ha indicado previamente, tanto en el marco de las políticas de empleo, como en el de la protección social la violencia de género ya empezaba a ser incorporada, aunque de forma tangencial en algunas normas anteriores a la LOVG, nada se preveía en el marco normativo regulador del contrato de trabajo, por lo que la protección dispensada a la víctima de violencia de género en este ámbito se limitaba a la adopción de medidas particulares para el caso concreto, sobre la base de instituciones laborales no diseñadas para los casos de violencia de género y, por tanto, no adaptadas a dicha realidad y que, bajo fórmulas interpretativas voluntaristas, buscaban dar respuesta en la medida de lo posible a la situación padecida por la trabajadora.

En segundo lugar, por el carácter dinámico que tiene dicha regulación. Nos encontramos ante un conjunto de medidas que se han mostrado especialmente sensibles al cambio, como lo demuestra las modificaciones y ampliaciones que se han producido en su contenido respecto a la configuración inicial prevista en la LOVG, fruto de diversas reformas legales que se han sucedido a lo largo del tiempo, entre las que cabe destacar, la Ley Orgánica 3/2007, de 22 de marzo, para la igualdad efectiva entre hombres y mujeres[33] (en adelante LOI), el Real Decreto-ley 9/2018, de 3 de agosto de medidas urgentes para el desarrollo del Pacto de Estado contra la violencia de género[34] (en adelante RD-ley 9/2018), el Real Decreto-ley 6/2019, de 1 de marzo, de medidas urgentes para garantía de la igualdad de trato y de oportunidades entre mujeres y hombres en el empleo y la ocupación[35] (en adelante RD-ley 6/2019) o, más recientemente, la Ley 10/2021, de 9 de julio de trabajo a distancia[36] (en adelante Ley 10/2021 —LTD—), la Ley Orgánica 10/2022, de 6 de septiembre, de garantía integral de la libertad sexual[37] (en adelante LO 10/2022 —Ley de libertad sexual—) y la Ley Orgánica 2/2024, de 1 de agosto, de representación paritaria y presencia equilibrada de mujeres y hombres[38] (en adelante LO 2/2024 —Ley de paridad—). En este sentido, a nuestro parecer, resulta del máximo interés y conveniencia conocer cuál

---

32. BOE de 24 de octubre de 2015.
33. BOE de 23 de marzo de 2007.
34. BOE de 8 de agosto de 2018.
35. BOE de 7 de marzo de 2019.
36. BOE de 10 de julio de 2021.
37. BOE de 7 de septiembre de 2022.
38. BOE de 2 de agosto de 2024.

es el actual estado de la cuestión sobre esta materia y, por tanto, conocer el contenido de la regulación vigente en estos momentos.

Además, en tercer lugar, con el análisis de estas medidas no sólo se tiene la posibilidad de valorar el alcance de la protección que a nivel legal se dispensa a la víctima de violencia de género, sino que también nos ofrece la oportunidad de conocer el grado de implicación que tienen las organizaciones sindicales y las asociaciones empresariales —protagonistas principales de las relaciones de trabajo— en este ámbito, lo cual es posible a través del estudio del tratamiento que reciben estas medidas laborales en el marco de la negociación colectiva. A este respecto, hay que tener en cuenta que si se quiere contar con un conocimiento completo del verdadero alcance de la LOVG, no podemos olvidar que en el marco de las relaciones de trabajo, la regulación de las mismas no se desarrolla únicamente y, en ocasiones, ni siquiera principalmente, a través de las fuentes normativas heterónomas, sino que junto a ellas, las fuentes normativas derivadas de la autonomía colectiva juegan un papel preponderante, por lo que en base a las posibilidades reguladoras que ofrece en este ámbito la negociación colectiva se hace necesario conocer la respuesta que ha ofrecido hasta ahora el convenio colectivo en esta materia, identificando buenas prácticas e incluso aportando propuestas de *lege ferenda*.

Es cierto que la LOVG no realiza una remisión expresa a la negociación colectiva para regular medidas laborales de protección dirigidas a la víctima de violencia de género y que sólo se hace mención a la misma, en una ocasión, concretamente en el Apartado Uno de la Disposición Adicional Séptima de dicha ley, al hacer mención a la regulación de los supuestos de reducción de la jornada laboral y la reordenación del tiempo de trabajo. Sin embargo, no debemos olvidar la tradicional relación de complementariedad existente entre ley y convenio colectivo, que permite al convenio mejorar lo establecido por la ley o regular condiciones no contempladas por ella[39]. De manera que salvo que la propia norma excluya dicha función complementaria, nada impide que, a partir del respeto a la norma estatal, en este caso, el Estatuto de los Trabajadores, el convenio colectivo pueda establecer mejoras en la regulación legal o prever condiciones adicionales a la norma estatal.

Asimismo, tampoco debe olvidarse que el art. 85 ET establece que, sin perjuicio de la libertad de las partes para determinar el contenido de los convenios colectivos, los interlocutores sociales tienen el deber de negociar «medidas dirigidas a promover la igualdad de trato y de oportunidades entre mujeres y hombres en el ámbito laboral o, en su caso, en los planes de igualdad, contenido previsto en el capítulo III Título IV de la LOI». De esta forma, en tanto que, tal y como se indica en la Exposición de Motivos de la LOVG y en su art. 1, la violencia de género es una clara manifestación de discriminación contra la mujer y, en consecuencia, se configura como un obstáculo para la consecución de la igualdad efec-

---

39. Vid. por todos CAMPS RUIZ, Luís Miguel y RAMÍREZ MARTÍNEZ, Juan Manuel (Coords): *Derecho del Trabajo*, Tirant lo Blanch, Valencia, 2014, p. 82.

tiva entre hombres y mujeres, cabe entender que la negociación colectiva está habilitada para poder incidir, bajo la función de mejora a la que nos referíamos anteriormente, en la adopción de medidas para garantizar la permanencia de la trabajadora víctima de violencia de género en su puesto de trabajo[40].

Estas consideraciones se ven confirmadas en diferentes Acuerdos firmados por las organizaciones sindicales y empresariales sobre negociación colectiva a partir del año 2005, primero como Acuerdos Interconfederales de Negociación Colectiva y desde el año 2010 como Acuerdos de Empleo y Negociación Colectiva, en los que se reconoce a la negociación colectiva como cauce adecuado para facilitar el ejercicio efectivo de los derechos reconocidos a la trabajadora víctima de violencia de género. Así se recoge, por ejemplo, en el Capítulo XV del V Acuerdo para el Empleo y la Negociación Colectiva para los años 2023, 2024 y 2025, firmado el 19 de mayo de 2023[41] (en adelante ANC 2023), donde se indica que las organizaciones empresariales y sindicales comparten la necesidad de hacer frente al grave problema de la violencia de género, así como de garantizar los derechos de sus víctimas, comprometiéndose para ello a reforzar la actuación de la negociación colectiva a fin de facilitar el ejercicio de los derechos reconocidos en el ámbito laboral por la LOVG.

A nuestro parecer, además, la incorporación en la negociación colectiva de medidas dirigidas a la protección y recuperación de la víctima de violencia de género entronca directamente con la concepción de la responsabilidad social empresarial recogida en el art. 73 LOI, entendida como conjunto de actuaciones, decisiones y compromisos adquiridos por las empresas en temas claramente sociales, con el objetivo de que la empresa no se vea reducida a la funcionalidad económica sobre pilares de maximización de beneficios y el respeto a la legislación laboral vigente, incorporando las preocupaciones sociales entre sus presupuestos de acción[42].

Junto a todas estas consideraciones cabe añadir otras de carácter más prosaico ligadas a los costes económicos que produce la violencia de género en el itinerario laboral-productivo. La violencia de género es la antítesis de la productividad, por lo que, cuando alcanza la esfera laboral, perjudica la función empresarial, debilitándola. A los costes directos del absentismo, retrasos y rotación de

---

40. En este sentido se manifiesta FERREIRO REGUEIRO, Consuelo: «Violencia de género y negociación colectiva» en MELLA MÉNDEZ, Lourdes (Coord.): *Violencia de Género y Derecho del Trabajo: estudios actuales sobre puntos críticos*, La Ley, Madrid, 2012, p. 496.

41. BOE de 31 de mayo de 2023.

42. Vid. MONEREO PÉREZ, José Luis y TRIGUERO MARTÍNEZ, Luis Ángel: «La protección socio-jurídica de la víctima de violencia de género» en QUESADA SEGURA, Rosa (Dir.) y PERÁN QUESADA, Salvador (Coord.): *La perspectiva laboral de la protección integral de las mujeres víctimas de violencia de género*, Comares, Granada, 2009, pp. 83 y 84. Vid. también sobre esta cuestión SENET VIDAL, Mª José: «Artículo 73. Acciones de responsabilidad social» en GARCÍA NINET, José Ignacio (Dir.): *Comentarios a la Ley de Igualdad, CISS*, Bilbao, 2007 y LUJÁN ALCARAZ, José: «Art. 73. Acciones de responsabilidad social de las empresas en materia de igualdad» en SEMPERE NAVARRO, Antonio V. y SÁNCHEZ TRIGUEROS, Carmen (Dirs.): *Comentarios a la Ley Orgánica 3/2007, de 22 de marzo, para la Igualdad Efectiva de Mujeres y Hombres*, Thomson Reuters Aranzadi, Navarra, 2008.

personal debido a la violencia de género, se deben añadir los costes relacionados con el «presentismo» tanto por distracción y agotamiento, como los derivados del aumento de accidentes laborales, así como otros impactos de gran calado relacionados con el clima de trabajo y la reputación organizacional. Por tanto, la empresa no es ajena a dicha circunstancia, y el objetivo de atajar la violencia de género en las organizaciones es procurar el bienestar laboral de las personas empleadas a fin de ayudar a disminuir el sufrimiento y generar mayor compromiso con la organización, además de reducir la siniestralidad laboral y garantizar la retención del talento femenino en las empresas[43].

En este sentido, a título únicamente orientativo, el último estudio elaborado en el año 2022 sobre los costes de la violencia de género en el itinerario laboral-productivo arrojaba unos datos ciertamente preocupantes al estimar dichos costes, en función del modelo contable elegido, entre los 156,85 millones de euros y los 585,14 millones de euros[44]. Sin duda, estos datos son un acicate para activar por parte de los agentes sociales, en el marco de la negociación colectiva, medidas e iniciativas destinadas a ayudar a hacer frente a este problema que permitan poner en marcha programas de apoyo para las trabajadoras víctimas de violencia de género.

Finalmente, un cuarto motivo que justifica la realización de este trabajo y que no podemos pasar por alto es el hecho de que pasado 28 de diciembre de 2024 se cumplieron veinte años de la aprobación de la LOVG, por lo que nos parece que es un momento especialmente oportuno para abordar un estudio de estas características. A tal efecto, consideramos que ya ha pasado el tiempo suficiente para poder realizar un balance de la trayectoria de la Ley y, de esta forma, conocer los avances que ha supuesto la misma para la trabajadora víctima de violencia de género, así como también, si es el caso, realizar aportaciones que puedan contribuir a mejorar su eficacia y alcanzar definitivamente los objetivos planteados en un inicio por la Ley, especialmente en el ámbito de la prevención y la protección de las mujeres que se encuentran en situación de violencia.

---

43. Vid. MINISTERIO DE LA PRESIDENCIA, RELACIONES DE LAS CORTES E IGUALDAD: *El impacto de la violencia de género en España: una valoración de sus costes en 2016*, Centro de Publicaciones, Madrid, 2019, pp. 161 y ss.

44. Vid. FUNDACIÓN UNIVERSIDAD ALCALÁ DE HENARES: *Impacto de la violencia de género y de la violencia sexual contra las mujeres en España (II): una valoración de sus costes en 2022*, Ministerio de Igualdad. Centro de Publicaciones, Madrid, 2024, pp. 219 y ss.

II. LA DETERMINACION DEL MARCO DE APLICACIÓN DE LAS MEDIDAS LABORALES REGULADAS EN LA LOVG

Tal y como se ha indicado en la presentación de este trabajo, los términos de «violencia de género» incluyen una multiplicidad de expresiones de violencia contra las mujeres, las cuales pueden tener lugar tanto en el ámbito público como privado, por ello se hace necesario, en primer lugar y, con carácter previo, conocer el alcance que desde un punto de vista normativo tienen dichos términos. Y, a este respecto, una primera consideración de la que debe partirse es la constatación de la falta de identidad que a nivel jurídico existe sobre qué debe entenderse por violencia de género.

Efectivamente, atendiendo a la norma de que se trate podemos encontramos con una definición legal más o menos amplia de violencia de género. Así, por ejemplo, en el contexto normativo existente con anterioridad a la aprobación de la LOVG y, en el ámbito internacional, la Declaración sobre la eliminación de la violencia sobre la mujer, adoptada por la Asamblea General de Naciones Unidas[45], define la violencia de género como «todo acto de violencia basado en la pertenencia al sexo femenino que tenga o pueda tener como resultado un daño o sufrimiento físico, sexual o psicológico para la mujer, así como las amenazas de tales actos, la coacción o la privación arbitraria de la libertad, tanto si se produce en la vida pública como en la vida privada» y abarca —sin limitarse a ellos— los siguientes actos: a) violencia física, sexual y psicológica que se produzca en la familia, incluidos los malos tratos, el abuso sexual de las niñas en el hogar, la violencia relacionada con la dote, la violación del marido, la mutila-

---

45. Resolución de la Asamblea General 48/104, de 20 de diciembre de 1993.

ción genital femenina y otras prácticas tradicionales perpetradas por otros miembros de la familia y la violencia relacionada con la explotación; b) la violencia física, sexual y psicológica perpetrada dentro de la comunidad en general, inclusive la violación, el abuso sexual, el acoso y la intimidación sexuales en el trabajo, en instituciones educacionales y otros lugares, la trata de mujeres y la prostitución forzada; y c) la violencia física, sexual y psicológica perpetrada o tolerada por el Estado, donde quiera que ocurra.

A nivel interno y en el ámbito autonómico[46], por ejemplo, en la Ley 16/2003 de Prevención y Protección integral de las mujeres contra la violencia de género de Canarias[47], originariamente la violencia de género abarcaba tres ámbitos diferentes: la violencia doméstica —entendida como toda aquella violencia proveniente de cualquier miembro de la familia, con independencia del grado de parentesco, incluida la que puede ejercerse sobre los hijos o personas dependientes de la mujer; la violencia laboral y docente, —ejercida por quien sostiene el vínculo laboral o docente de la víctima; y la violencia social —violencia ejercida fuera de los ámbitos anteriores y que supone generalmente la explotación o el abuso sexual—. Y, por su parte, la Ley de Cantabria 1/2004, de 1 de abril, Integral para la prevención de la violencia contra las mujeres y la protección a sus víctimas entiende por violencia de género[48] «toda conducta activa u omisiva de violencia o agresión, basada en la pertenencia de la víctima al sexo femenino, así como la amenaza de tales actos, la coacción o privación ilegítima de libertad e intimidación, que tenga como resultado posible o real un daño o sufrimiento físico, sexual o psicológico, tanto si ocurre en público como en la vida familiar o privada», abarcando tal violencia: malos tratos físicos, psicológicos, económicos, agresiones sexuales, abusos sexuales a niñas, acoso sexual, tráfico de mujeres y niñas para la explotación sexual, comercialización y prostitución, mutilación genital, violencia contra los derechos sexuales y reproductivos, así como cualesquiera otras actuaciones o conductas que lesionen o sean susceptibles de lesionar la dignidad o integridad de la mujer[49].

---

46. Toda la normativa autonómica sobre esta materia se puede consultar en la web de la Delegación del Gobierno contra la violencia de género. https://violenciagenero.igualdad.gob.es/profesionalesinvestigacion/protocolosambitoautonomico/normativa/.

47. BOC de 7 de mayo de 2003 y BOE de 8 de julio de 2003. Esta ley se vio posteriormente modificada, ampliando su ámbito de aplicación por la Ley 1/2017 de 17 de marzo. (BOE de 6 de julio de 2017).

48. BOCT de 12 de abril de 2004. BOE de 26 de abril de 2004.

49. Concretamente el art. 3 de la Ley de Cantabria de 1/2004, de 1 de abril Integral para la prevención de la violencia contra las mujeres y la protección a sus víctimas considera, a efectos de esta ley, como formas de violencia de género: a) malos tratos que incluyen cualquier acto de fuerza contra el cuerpo de la mujer, con resultado o riesgo de producir lesión física o daño en la víctima; b) malos tratos psicológicos, que incluyen toda conducta que produce en la víctima desvalorización o sufrimiento, a través de amenazas, humillaciones o vejaciones, exigencia de obediencia o sumisión, coerción verbal, insultos, aislamiento, culpabilización, limitaciones de su ámbito de libertad y cualesquiera otros efectos semejantes; c) malos tratos económicos, que incluyen la privación intencionada y no justificada legalmente de recursos para el bienestar físico o psicológico de la víctima y de sus hijos e hijas o la discriminación en la disposición de los recursos compartidos en el

La LOVG, en su Exposición de Motivos, también se refiere a la violencia de género en términos muy amplios y generales, definiéndola como «las agresiones sufridas por la mujer como consecuencia de los condicionantes socioculturales que actúan sobre el género masculino y femenino situándola en una posición de subordinación al hombre y manifestadas en tres ámbitos de las relaciones de la persona: maltrato en el seno de las relaciones de pareja, agresión sexual en la vida social y acoso en el medio laboral». Sin embargo, en el cuerpo normativo de la ley el objeto de la misma resulta mucho más preciso ya que su art. 1, al referirse a la finalidad de la LOVG indica que es la de «actuar contra la violencia que, como manifestación de discriminación, la situación de desigualdad y las relaciones de poder de los hombres sobre las mujeres, se ejerce sobre éstas por parte de quienes sean o hayan sido sus cónyuges o de quienes estén o hayan estado ligados a ellas por relaciones similares de afectividad, aún sin convivencia».

Por consiguiente, atendiendo a los términos con los que se expresa el art. 1 LOVG, la norma acota su ámbito de aplicación a una situación concreta que es la violencia —física y/o psicológica (incluidas las agresiones a la libertad sexual, las amenazas, las coacciones o la privación arbitraria de la libertad)—, que se ejerce sobre la mujer por quienes sean o hayan sido sus cónyuges o de quienes estén o hayan estado ligadas a ellas por relaciones similares de afectividad aun-

---

ámbito familiar, en la convivencia de pareja o en las relaciones posteriores a la ruptura de las mismas; d) agresiones sexuales, que incluyen cualquier acto de naturaleza sexual forzada por el agresor o no consentida por la víctima, abarcando la imposición, mediante la fuerza o con intimidación, de relaciones sexuales no consentidas y el abuso sexual, con independencia de que el agresor guarde o no relación conyugal, de pareja, afectiva o de parentesco con la víctima; e) abusos sexuales a niñas, que incluye las actitudes y comportamientos, incluida la exhibición ante ellas y la observación de las mismas realizada por un adulto para su propia satisfacción sexual o la de un tercero, bien empleando la manipulación emocional, el chantaje, las amenazas, el engaño o la violencia física; f) acoso sexual, que incluye aquellas conductas consistentes en la solicitud de favores de naturaleza sexual, para sí o para una tercera persona, prevaliéndose el sujeto activo de una situación de superioridad laboral, docente o análoga, con el anuncio expreso o tácito a la víctima de causarle un mal relacionado con las expectativas que la víctima tenga en el ámbito de dicha relación, o bajo la promesa de una recompensa o premio en el ámbito de la misma. Se incluye el acoso ambiental que busque la misma finalidad o resultado; g) el tráfico o utilización de mujeres y niñas con fines de explotación sexual, prostitución y comercio sexual, cualquiera que fuere el tipo de relación que una a la víctima con el agresor y el medio utilizado; h) mutilación genital femenina, que comprende el conjunto de procedimientos que implican una eliminación parcial o total de los genitales externos femeninos o lesiones causadas a los órganos genitales femeninos por razones culturales, religiosas o, en general, cualquier otra que no sea de orden estrictamente terapéutico, aun cuando se realicen con el consentimiento, expreso o tácito, de la víctima; i) violencia contra los derechos sexuales y reproductivos de las mujeres, que comprende cualquier tipo de actuación que impida o restrinja el libre ejercicio por las mujeres de su derecho a la salud reproductiva y, por tanto, que afecte a su libertad para disfrutar de una vida sexual satisfactoria y sin riesgos para su salud, a su libertad para acceder o no a servicios de atención a la salud sexual y reproductiva, anticonceptivos, y para ejercer o no su derecho a la maternidad; j) cualesquiera otras actuaciones o conductas que lesionen o sean susceptibles de lesionar la dignidad o integridad de la mujer.

que no haya habido convivencia. Se trata, por tanto, de dirigir toda la atención a un problema social muy concreto que produce una enorme alarma social[50].

Partiendo, por tanto, de la regulación contenida en la LOVG, una primera consideración a realizar a la hora de delimitar el ámbito subjetivo de las medidas previstas para la protección de la víctima de violencia de género en el marco laboral es que a pesar de que las medidas van dirigidas a la mujer víctima de violencia de género que tenga la condición de trabajadora, no son objeto de protección por parte de esta ley las diferentes manifestaciones de violencia contra la mujer que se pueden producir en el marco de las relaciones de trabajo.

Efectivamente, pese a que, en el marco de las relaciones de trabajo, desafortunadamente, se producen situaciones de violencia contra la mujer que se manifiestan principalmente a través del acoso sexual y del acoso por razón de sexo, la LOVG tiene como ámbito de actuación y protección exclusivamente las manifestaciones de violencia contra la mujer que se producen fuera del entorno laboral. Según se indica en la definición contenida en el art. 1 LOVG se constata que las medidas laborales previstas en dicha norma se harán efectivas en el ámbito de las relaciones de trabajo cuando la violencia ejercida sobre la mujer tenga como marco las relaciones afectivas de pareja, por tanto, comportamientos violentos que no se generan con motivo de la actividad profesional, con la excepción, claro está, de que el maltratador sea, a su vez, el empresario o compañero de trabajo de la víctima de violencia de género. Ahora bien, tal apreciación no debe llevar a la conclusión de que la violencia en el ámbito del trabajo no deba merecer también un tratamiento normativo, sino que ese tratamiento habrá que buscarlo en otro marco regulador.

Una vez excluidas del ámbito de actuación de la LOVG las manifestaciones de violencia generadas en el entorno laboral, cabe recordar, a su vez, que tampoco todas las manifestaciones de violencia producidas en el ámbito de las relaciones afectivas son objeto de atención por la ley, de manera que la norma focaliza su atención en unas determinadas situaciones.

En este sentido y, de acuerdo con la Exposición de Motivos de la LOVG, la ley tiene como finalidad proporcionar una respuesta efectiva contra la violencia que se dirige sobre las mujeres por el hecho mismo de serlo, en tanto que manifestación o símbolo más brutal de la desigualdad existente en nuestra sociedad. Por tanto, no se brinda una protección a toda trabajadora por ser víctima de violencia de género en su entorno afectivo, sino por ser víctima de una violencia discriminatoria. Se adopta, de esta manera, una clara perspectiva de género, protegiendo únicamente a la mujer en tanto que destinataria de la violencia ejercida por el varón y, por tanto, no tiene cabida en este ámbito la violencia que se pueda producir entre parejas del mismo sexo, aunque entre ellas exista un vínculo afectivo, ya que en este caso falta el elemento de dominio del hom-

---

50. Vid. QUESADA SEGURA, Rosa: «La violencia como discriminación por razón de género» en QUESADA SEGURA, Rosa (Dir.) y PERÁN QUESADA, Salvador (Coord.): *La perspectiva laboral de la protección integral de las mujeres víctimas de violencia de género*, Comares, Granada, 2009, p. 23.

bre sobre la mujer, como tampoco se protegerá la violencia ejercida por un hombre sobre otro hombre. No parece que ocurrirá lo mismo, sin embargo, cuando se trate de violencia ejercida sobre una persona transexual ya que en su momento la Circular 4/2005 de 18 de julio de la Fiscalía General del Estado, relativa a los criterios de aplicación de la Ley Orgánica de Medidas de Protección Integral contra la Violencia de Género, al delimitar el ámbito de aplicación de la LOVG, entendió incluidas en el art. 153.1 del Código Penal las parejas de distinto sexo formadas por personas transexuales reconocidas legalmente, cuando la víctima acredite su condición de mujer y la agresión provenga de la persona que ostente la condición de varón[51].

Por otra parte, no sólo será necesario que la agresión sobre la mujer provenga de un varón, sino que, además, la mujer víctima de violencia de género mantenga o haya mantenido una relación afectiva de pareja. Por tanto, se está excluyendo la violencia que se ejerce sobre la mujer por parte de hombres externos a los lazos familiares de pareja, como puede ser el caso de padres, hermanos o hijos, dejando, de esta forma, fuera de la protección de la LOVG a un importante número de mujeres, pese a padecer de facto una situación de violencia de género. Esta opción legal puede dar lugar a una exclusión y marginación social de un colectivo de mujeres que sufren esta violencia por parte de hombres que no son su pareja y en ámbitos distintos, por ello desde un sector de la doctrina se viene abogando desde hace algún tiempo por una reconceptualización y redefinición de este hecho social para que su ámbito de actuación se vea adecuado a la realidad social[52]. Otro sector doctrinal, sin embargo, sin negar la necesaria protección que merecen también las mujeres que sufren situaciones de violencia fuera de las relaciones afectivas de pareja, entiende que ampliar el ámbito subjetivo de la ley puede resultar contraproducente con los fines que se marca la LOVG, como son la visibilización, sensibilización y lucha contra la principal y más brutal violencia que se practica sobre la mujer, por lo que se muestra partidaria de explorar otras vías normativas alternativas a la LOVG para dar

---

51. A este respecto, cabe indicar que la Circular 6/2011 de 2 de noviembre de la Fiscalía General del Estado sobre criterios para la unidad de actuación especializada del Ministerio Fiscal en relación a la violencia sobre la mujer establece que tanto la mujer transexual que haya acudido al Registro Civil para rectificar el asiento relativo a su sexo, como la que no haya acudido, pero pueda acreditar su condición de mujer a través de los informes médico-forenses e informes psicológicos su identificación permanente con el sexo femenino, pueden ser consideradas como víctimas de violencia de género. Tras la entrada en vigor de la Ley 4/2023 de 28 de febrero, para la igualdad real y efectiva de las personas trans y para la garantía de los derechos de las personas LGTBI (BOE de 1 de marzo de 2023) este criterio no ha variado. No obstante, algunas resoluciones judiciales dictadas tras la entrada en vigor de la Ley 4/2023 rechazan la competencia del Juzgado de Violencia contra la Mujer en estos supuestos. Es el caso, por ejemplo, del Auto de la Audiencia Provincial de Barcelona Núm. 892/2023 de 11 de diciembre (Rec. 908/2023) y del Auto de la Audiencia Provincial de Madrid Núm. 17/2025 de 15 de enero de 2025 (Rec. 552/2024). En todo caso, habrá que esperar a conocer la postura mantenida en instancias superiores para poder determinar si se mantiene o no el criterio sostenido hasta el momento por el Ministerio Fiscal.

52. Vid. en este sentido, entre otros estudios, MONEREO PÉREZ, José Luis y TRIGUERO MARTÍNEZ, Luis Antonio: *La víctima de violencia de género...*, cit. p. 48.

una respuesta satisfactoria a otras situaciones de violencia que puedan sufrir las mujeres, ya sea dentro o fuera del ámbito familiar y que puedan comportar un riesgo de exclusión y marginación social[53].

Por último, no debemos olvidar que, para que se puedan hacer efectivas las medidas protectoras previstas por LOVG, además de constatar que la violencia ejercida sobre la mujer se ajusta a la definición legal de violencia de género, será necesario que la mujer acredite dicha condición por los cauces legales previstos en la LOVG. Por lo tanto y, en el caso que nos ocupa, para la aplicación de las medidas previstas para la trabajadora víctima de violencia de género, no será suficiente que se produzca un comportamiento violento sobre la mujer por parte de un varón que mantenga o haya mantenido una relación afectiva con la víctima, sino que, además, se exigirá que formalmente tenga reconocida dicha condición de víctima.

En este punto, es necesario señalar que las vías inicialmente previstas para acreditar la condición de víctima de violencia de género se han visto ampliadas a raíz de la aprobación del RD-ley 9/2018. A este respecto, cabe recordar que bajo la rúbrica «Acreditación de las situaciones de violencia de género ejercida sobre las trabajadoras» el art. 23 LOVG, en su redacción originaria, disponía como títulos acreditativos de la condición de víctima de violencia de género para el reconocimiento de los derechos laborales y de seguridad social, la orden de protección a favor de la víctima y, excepcionalmente, el informe del Ministerio Fiscal, siempre que en el mismo se indicara la existencia de indicios de que la demandante era víctima de violencia de género, hasta tanto se dictara la orden de protección. Por tanto, la LOVG preveía dos títulos habilitantes, uno de carácter ordinario, la orden de protección y, otro de carácter excepcional, que era el informe del Ministerio Fiscal.

La exigencia de acreditación de la condición de víctima de violencia de género persigue dos tipos de cautelas: por un lado, no se deja al arbitrio de la mujer la valoración sobre su condición de víctima de violencia de género, y, por otro lado, permite su acreditación ante terceros, no sólo, en este caso ante el empresario o la empresaria, sino también ante las Entidades Gestoras de la Seguridad Social, para la solicitud de prestaciones económicas o ante los servicios sociales correspondientes[54].

Estos dos medios acreditativos, desde un primer momento, merecieron una buena acogida por los importantes elementos positivos que ofrecen, ya que parece indudable que la intervención del juez o de la jueza y del Ministerio Fiscal

---

53. Vid., en este sentido, entre otros estudios MORENO GENÉ, Josep y ROMERO BURILLO, Ana Mª.: *Medidas laborales y de protección social de la trabajadora víctima de violencia de género*, Tirant lo Blanch, Valencia, 2020, p. 24.

54. Vid. GARCÍA TESTAL, Elena: «Derecho del trabajo y violencia de género» en MARTÍNEZ GARCÍA, E. (Dir.): *La Prevención y Erradicación de la Violencia de Género. Un estudio multidisciplinar y forense*, Thomson Reuters Aranzadi, Cizur Menor (Navarra), 2012, p. 248 y SÁNCHEZ TRIGUEROS, Carmen: «La violencia de género en el trabajo. Perspectiva de Seguridad Social», *Revista General de Derecho del Trabajo y de la Seguridad Social*, núm. 14, 2007, p. 10.

resultan un medio idóneo para garantizar tanto los derechos de la víctima, como los del investigado[55]. Ahora bien, aun reconociendo la idoneidad de dichos medios, no han faltado tampoco opiniones críticas sobre el carácter excesivamente restrictivo de la norma, el cual en algún momento incluso ha podido llegar a dificultar el acceso a los derechos reconocidos por la LOVG a la trabajadora víctima de violencia de género[56]. Por ello, poco tiempo después de la entrada en vigor de la LOVG y, desde diversas instancias, se empezaron a realizar propuestas para la ampliación de dichos mecanismos acreditativos, al entender que era posible explorar otras vías de acreditación igualmente idóneas y menos restrictivas en su utilización. En este sentido, por ejemplo, desde el Consejo General del Poder Judicial se propuso en diversas ocasiones que los diferentes derechos sociales, entre otros, se vincularan igualmente al dictado de una sentencia condenatoria[57] y, de igual forma, el Observatorio Estatal de Violencia sobre la Mujer, en su primer informe anual, ya apuntaba la conveniencia de flexibilizar las vías de acreditación de la condición de víctima de violencia de género, incorporando para algunos casos el informe de los servicios sociales o de otra resolución judicial[58].

Estas propuestas se vieron materializadas con la aprobación del RD-ley 9/2018, al incorporar una nueva redacción al art. 23 LOVG según la cual las situaciones de violencia de género que dan lugar al reconocimiento de derechos, entre otros, en el marco laboral, se pueden acreditar mediante una sentencia condenatoria por delito de violencia de género, una orden de protección o cualquier resolución judicial que acuerde una medida cautelar a favor de la víctima, o bien por el informe del Ministerio Fiscal que indique la existencia de indicios de que la demandante es víctima de violencia de género. Asimismo, podrán acreditarse las situaciones de violencia de género mediante informe de los servicios sociales, de los servicios especializados, o de los servicios de acogida destinados a las víctimas de violencia de género de la Administración Pública competente; o por cualquier otro título, siempre que ello esté previsto en las disposiciones de carácter sectorial que regulen el acceso a cada uno de los derechos y recursos.

Por lo demás, el RD-ley 9/2018 también incorporará la previsión de que «El Gobierno y las Comunidades Autónomas, en el marco de la Conferencia Sectorial de Igualdad, diseñaran, de común acuerdo, los procedimientos básicos que permitan poner en marcha los sistemas de acreditación de las situaciones de vio-

---

55. Vid. ROLDÁN MARTÍNEZ, Aránzazu: «Derechos laborales y protección de Seguridad Social de las mujeres víctimas de violencia de género en España», *Noticias CIELO*, núm. 1, 2019, p. 6.

56. Vid., por todos, el estudio de ARIAS DOMÍNGUEZ, Ángel: *Protección laboral...*, cit. p. 53.

57. Vid. *Informe del Grupo de Expertos y de Expertas en Violencia Doméstica y de Género del Consejo General del Poder Judicial acerca de los problemas técnicos detectados en la aplicación de la LO 1/2004, de medidas de protección integral contra la violencia de género, y sugerencias de reforma legislativa que los abordan*, de 20 de abril de 2006, pp. 10 y 11.

58. Vid. *Informe anual del Observatorio de Violencia sobre la Mujer. Ministerio de Trabajo y Asuntos Sociales de 28 de junio de 2007*, pp. 207 y 208.

lencia de género». De acuerdo con esta previsión, el 3 de abril de 2019, el Gobierno y las Comunidades Autónomas, en el seno de la referida Conferencia Sectorial de Igualdad, procedieron al diseño y aprobación de un modelo común que permite unificar la acreditación administrativa de la situación de violencia de género en todo el territorio.

Como puede constatarse, esta reforma legal amplía de forma muy importante la acreditación de la condición de víctima de violencia de género, ampliación que no sólo afecta a la legitimación para emitir títulos habilitantes, sino que también afecta a quienes ya contaban con legitimidad en la redacción originaria de la norma, al modificar sustancialmente los presupuestos de su intervención, ampliándolos igualmente.

Los motivos que justifican la modificación del art. 23 LOVG se indican en la propia Exposición de Motivos del RD-ley 9/2018 y son dos, por un lado, la constatación de que la mayoría de las mujeres víctimas de violencia de género no denuncian la situación de maltrato, lo cual lleva a que no se pueda iniciar un proceso judicial y, consecuentemente, de acuerdo con la redacción originaria del art. 23 LOVG, a que dichas mujeres no puedan contar con la acreditación de la condición de víctima de violencia de género y acceder a la protección prevista por la ley[59] y, en segundo lugar, a que el art. 18.3 del Convenio del Consejo de Europa sobre prevención y lucha contra la violencia contra la mujer y la violencia doméstica, exige no supeditar la protección de las víctimas de violencia de género al ejercicio por parte de aquéllas a acciones legales, ni a la declaración contra el autor[60].

Junto a las razones que acabamos de exponer, no podemos olvidar tampoco que, ya con anterioridad al RD-ley 9/2018, otras normas estatales y también autonómicas habían apostado por el establecimiento de pautas o requisitos más flexibles para reconocer los derechos previstos en su ámbito regulador, como sucede, por ejemplo, en el RD 1917/2008, de 21 de noviembre, por el que se aprueba el programa de inserción sociolaboral para mujeres víctimas de violencia de género, en la Ley 13/2007, de 26 de noviembre, de medidas de prevención y protección integral contra la violencia de género de Andalucía, o en la Ley 11/2007, de 27 de julio, del Parlamento de la Comunidad Autónoma de Galicia para la prevención y el tratamiento de la violencia de género[61].

---

59. Vid. BENITO BENÍTEZ, Mª. Angustias: «La función tuteladora del sistema de seguridad social en la lucha contra la violencia de género», *Revista General de Derecho del Trabajo y de la Seguridad Social*, núm. 55, 2020, p. 234, pone de manifiesto que con la modificación introducida por el Real Decreto-ley 9/2018, «se permite el acceso a los beneficios y derechos sociolaborales reconocidos en la LOPIVG sin supeditarlo a la judicialización del caso» y FARALDO CABANA, Cristina: «La acreditación de la condición de víctima de violencia de género como requisito necesario para ser titular de los derechos laborales reconocidos en la Ley Orgánica 1/2004, de 28 de diciembre», *Aequalias. Revista Jurídica de Igualdad de Oportunidades entre Mujeres y Hombres*, núm. 29, 2011, pp. 46 y ss.

60. Vid. Exposición de Motivos del Real Decreto-ley 9/2018, de 3 de agosto, de medidas urgentes para el desarrollo del Pacto de Estado contra la violencia de género. Apartado V.

61. Vid. FERNÁNDEZ URRUTIA, Aránzazu: «Avances, reflexiones y nuevas propuestas en torno a la protección social frente a la violencia de género: acreditación, intervención en el ámbito sanitario y

Pese a que los diversos motivos que llevan a ampliar los títulos habilitantes para la acreditación de la condición de víctima de violencia de género parecen ciertamente razonables, no todos los instrumentos elegidos para ampliar las vías de acreditación de la condición de víctima de violencia de género recibieron la misma buena acogida.

En este sentido, mientras la incorporación de la sentencia condenatoria por un delito de violencia de género y cualquier otra resolución judicial que acuerde una medida cautelar a favor de la víctima merecieron un valoración positiva[62], no sucedió lo mismo en relación con la nueva definición legal de la legitimación del Ministerio Fiscal que elimina su carácter excepcional y el resto de mecanismos no judiciales que habilitan para acceder a las medidas protectoras de la LOVG, los cuales, en opinión de algún sector profesional, arrojan ciertos temores garantistas al suponer una separación de la acreditación de la violencia de género de las construcciones jurídico penales en que se basan justamente dichas situaciones de violencia de género[63].

A este respecto, no obstante, y como bien se indica por el Grupo de Expertos y Expertas en violencia doméstica y de género del Consejo General del Poder Judicial, los derechos a la asistencia social integral, laborales, etc., recogidos en la LOVG como derechos de las mujeres víctimas de violencia de género no deben condicionarse a la existencia de una denuncia y posterior tramitación de un proceso penal con la colaboración de la víctima, ya que se tratan de instituciones y medidas que se rigen por su propio sistema normativo y por los propios principios de cada una de las materias de que se ocupan y, por ello, no deben verse condicionados en su trabajo y eficacia por una normativa y unos principios correspondientes al ámbito penal, los cuales, les son ajenos[64].

---

salvaguarda de la actividad laboral», *Revista del Ministerio de Trabajo y Asuntos Sociales*, núm. Extra 3, 2007, p. 146 y ROLDÁN MARTÍNEZ, Aránzazu: «Derechos laborales y protección de Seguridad Social...», cit. p. 5.

62. Vid. entre otros ORTEGA CALDERÓN, José Luis: «La acreditación de las situaciones de violencia de género», consultado en https://el derecho.com/ortega-calderon, pág. 4 y ROLDÁN MARTÍNEZ, Aránzazu: «Derechos laborales y protección de Seguridad Social...», cit. p. 6.

63. Vid. ORTEGA CALDERÓN, José Luis: «La acreditación de las situaciones...», cit. pp. 5 y ss. En sentido contrario vid. FARALDO CABANA, Cristina: «La acreditación de la condición...», cit. pp.47 y 48 y RAMALLO MIÑÁN, Elena del Pilar: «Problemática laboral de las víctimas de violencia de género: desajustes competenciales y jurídicos», *Revista Acta Judicial*, núm. 7, 2020, pp. 48 a 51.

64. Vid. *Informe del Grupo de Expertos y Expertas en violencia doméstica y de género del Consejo General del Poder Judicial acerca de los problemas técnicos detectados en la aplicación de la Ley Orgánica 1/2004, de medidas de protección integral contra la violencia de género y en la de la normativa procesal, sustantiva y orgánica relacionada, y sugerencia de reforma que los abordan*, de 11 enero de 2011, p. 9.

III. LA REGULACIÓN LEGAL DE LAS MEDIDAS LABORALES DIRIGIDAS A LA PROTECCIÓN DE LA TRABAJADORA VÍCTIMA DE VIOLENCIA DE GÉNERO

1. MEDIDAS RELATIVAS A LA DURACIÓN DEL CONTRATO DE TRABAJO

Dentro del conjunto de medidas que prevé el Estatuto de los Trabajadores para garantizar el mantenimiento de la trabajadora víctima de violencia de género en su lugar de trabajo, es posible distinguir un primer grupo de previsiones normativas que tienen como finalidad dar continuidad a la duración inicialmente pactada en el contrato de trabajo y, por tanto, blindar la vigencia de dicho contrato en supuestos en los que la trabajadora sea víctima de violencia de género.

Las medidas que se analizan en este apartado son incorporadas al articulado del ET tras la aprobación del RD-ley 6/2019 y, a nuestro parecer, subsanan algunos olvidos normativos detectados tras la aprobación de la LOVG, lo cual llevó a la modificación del art. 11.1 b) ET, regulador del contrato en prácticas, del art. 11.2 b) ET, relativo al contrato para la formación y aprendizaje y del art. 14.3 ET, referido al régimen jurídico del período de prueba.

Con respecto a la regulación del contrato en prácticas y del contrato para la formación y aprendizaje, el cambio operado tras el RD-ley 6/2019 pretende evitar que contratos cuya duración es temporal y que tienen una finalidad formativa y de inserción laboral para la persona trabajadora, lleguen a su término sin dar cumplimiento a dichos fines debido a la situación de violencia de género que padece la trabajadora. En este sentido, como sabemos, desgraciadamente la violencia de género viene acompañada de cambios drásticos en la vida de la mujer, resultando muy difícil seguir con los hábitos y rutinas ordinarias, por lo que es probable que la trabajadora víctima de violencia de género deje de acudir al trabajo o acuda de forma intermitente o más puntual.

A tal efecto, tanto en el contrato en prácticas, en el apartado 1 b) del art. 11 ET, como en el contrato para la formación y aprendizaje, en el apartado 2 b) del art. 11 ET, se procede a incorporar la violencia de género como un supuesto más, junto a la incapacidad temporal, nacimiento, adopción, guarda con fines de adopción, acogimiento, riesgo durante el embarazo y riesgo durante la lactancia, susceptible de interrumpir el cómputo de la duración del contrato en cuestión. Ello permite que en caso de que una trabajadora que formaliza un contrato ya sea en prácticas o para la formación y aprendizaje y que sufre una situación de violencia de género que le impide seguir prestando sus servicios por cuenta ajena en los términos pactados, no vea transcurrir el tiempo de duración del contrato sin que se produzca esa prestación, llegando, en su caso, la extinción del contrato por el cumplimiento de la fecha acordada para su finalización (art. 49.1 c) ET), sino que se paralice el cómputo de la duración del contrato hasta el momento en el que la trabajadora pueda volver a reanudar su trabajo en la empresa en las condiciones pactadas.

Cabe indicar que, tras la aprobación del Real Decreto-ley 32/2021, de 28 de diciembre, de medidas urgentes para la reforma laboral, la garantía de la estabilidad en el empleo y la transformación del mercado de trabajo[65] (en adelante RD-ley 32/2021), la regulación de la contratación formativa prevista en el art. 11 ET fue objeto de una importante reforma, dando lugar a la desaparición del contrato para la formación y aprendizaje y del contrato en prácticas, tal y como existían hasta ese momento, regulándose en su lugar un nuevo contrato de formación en alternancia (art. 11.2 ET) y un contrato formativo para la obtención de la práctica profesional adecuada al nivel de estudios cursados (art. 11.3 ET) respectivamente. Esta importante reforma, sin embargo, no ha afectado a la regulación que en materia de violencia de género se preveía hasta el momento en el art. 11.1 b) y 11.2 c) ET, referida a la suspensión del cómputo de duración del contrato de trabajo, la cual sigue estando prevista, en los mismos términos, en el art. 11.4 b) ET, pero ahora en relación con el contrato de formación en alternancia y con el contrato formativo para la obtención de la práctica profesional adecuada al nivel de estudios cursados.

Por lo que se refiere a la modificación introducida en el régimen jurídico del período de prueba, la misma se concreta en una ampliación de los supuestos que hasta ese momento podían dar lugar a la interrupción del cómputo del tiempo correspondiente a dicho período y que se encuentran previstos en el art. 14.3 ET. De esta manera, se indica que, si así lo acuerdan las partes contratantes, además de la situación de incapacidad temporal, nacimiento, adopción, guarda con fines de adopción, acogimiento, riego durante el embarazo y riesgo

---

65. BOE de 30 de diciembre de 2021.

durante la lactancia, la situación de violencia de género también podrá interrumpir el cómputo del tiempo que se haya pactado en el contrato de trabajo como período de prueba.

Esta condición suspensiva que se incorpora en el período de prueba funciona de una forma muy parecida a la que acabamos de indicar respecto a los contratos formativos, pero con una salvedad importante y es que la situación de violencia de género durante el período de prueba no suspende automáticamente el cómputo de la duración de dicho período —circunstancia que se extiende al resto de supuestos contemplados en el art. 14.3 ET—, como sí sucede respecto a la interrupción del cómputo de duración de los contratos formativos, siendo siempre necesario el acuerdo expreso de las partes intervinientes en el contrato de trabajo.

Los cambios incorporados por el RD-ley 6/2019 nos parecen totalmente justificados y razonables, ya que con ello se facilita el mantenimiento del vínculo laboral de la trabajadora víctima de violencia de género, lo cual puede contribuir de forma efectiva a su recuperación, permitiéndole la reinserción en un entorno laboral, con los beneficios que ello comporta, tanto a nivel social como a nivel económico, alejándola de un panorama de empobrecimiento y riesgo de exclusión social. A este respecto y, en relación con la suspensión del cómputo de la duración de los contratos formativos previstos en el art. 11 ET, cuando la trabajadora tenga la condición de víctima de violencia de género, se facilita a dicha trabajadora una vía de inserción laboral para el momento en que supere la situación de maltrato o para cuando las medidas destinadas a su protección se hagan compatibles con el trabajo. De no preverse esta medida suspensiva, la inserción laboral se presenta mucho más difícil, al tener que partir de la búsqueda de un nuevo trabajo. De igual forma, la suspensión del cómputo del período de prueba, actúa con iguales beneficios para la trabajadora, ya que sitúa a la mujer en el mismo punto de partida donde quedó el vínculo laboral con anterioridad a la situación de violencia, permitiéndole retomar nuevamente y en los mismos términos la prestación laboral.

Ahora bien, junto a las modificaciones que introduce el RD-ley 6/2019 en materia de contratación formativa y período de prueba y que, como hemos indicado, cabe valorar de forma muy positiva, se nos plantea la duda sobre la conveniencia de haber aprovechado la reforma llevada a cabo por el RD-ley 6/2019 para introducir una cláusula de tutela antidiscriminatoria en el régimen de extinción del período de prueba para la situación de violencia de género, en los mismos términos en los que se introdujo para los supuestos de embarazo.

Cabe recordar que el régimen de extinción del contrato durante el período de prueba permite a cualquiera de las partes intervinientes en el contrato de trabajo rescindirlo unilateralmente, por su sola y exclusiva voluntad, sin necesidad de cumplir ninguna exigencia especial al respecto, lo cual comporta, en el caso de la parte empresarial un amplio margen de actuación en comparación al régimen del despido, ya que le permite decidir *per se* la extinción de la relación, no importando el motivo que le ha impulsado a tomar esa postura drástica, ya que se presume la legitimidad y legalidad de la decisión, teniendo como único límite el respeto de los derechos fundamentales de la persona trabajadora. A este respecto, en el caso de vulneración de derechos fundamentales, y si se aportan por la parte trabajadora los correspondientes indicios que demuestren el desistimiento empresarial por tales motivos, la extinción se declarará nula y sin efectos[66].

Esta limitación del régimen extintivo del período de prueba para la parte empresarial que supone el respeto de los derechos fundamentales se verá reforzada con el RD-ley 6/2019 en aquellos casos en los que el desistimiento empresarial durante el período de prueba afecte a trabajadoras embarazadas, ya que se extiende la nulidad objetiva y automática que hasta el momento sólo se preveía para el despido disciplinario de la trabajadora embarazada, también para la extinción del contrato durante el período de prueba, creándose una presunción de la existencia de una extinción discriminatoria y, por tanto, nula, salvo que la empresa pueda acreditar la falta de aptitud y/o adecuación de la trabajadora embarazada, razones que son las que deben motivar siempre la extinción del contrato durante el período de prueba. Es decir, en el caso de que la extinción durante el período de prueba afecte a una trabajadora embarazada, se presumirá que la extinción es discriminatoria y, por tanto, nula, siendo la empresa la que por vía judicial y aportando pruebas, tendrá que demostrar que la extinción realizada no es discriminatoria, es decir, por motivos de embarazo.

Pues bien, cabe plantearse si no hubiera sido igualmente interesante extender también la nulidad objetiva y automática prevista para la trabajadora embarazada, a los supuestos en los que la trabajadora es víctima de violencia de género, de manera que en caso de producirse el desistimiento empresarial del contrato durante el período de prueba, la situación de violencia de género diera lugar a la presunción de la existencia de una extinción discriminatoria y, por tanto, nula, salvo que la empresa pudiera acreditar la falta de aptitud y/o adecuación de la trabajadora.

Se trataría, por tanto, de realizar la misma operación normativa que se prevé para la trabajadora embarazada, y que ya la LOVG ha adoptado también para los casos de violencia de género con respecto al régimen del despido disciplinario —al incorporar en el art. 55.5 b) ET la presunción de nulidad del despido en aquellos casos de trabajadoras víctimas de violencia de género por el ejercicio de su derecho a la tutela judicial efectiva o de los derechos reconocidos en el

---

66. Sobre el régimen extintivo del período de prueba, vid. entre otros estudios, BALLESTER PASTOR, María Amparo: *El período de prueba*, Tirant lo Blanch, Valencia, 1995; BARREIRO GONZÁLEZ, Germán: «El periodo de prueba» en BORRAJO DACRUZ, Efren (Dir.): *Comentarios a las leyes laborales. El Estatuto de los Trabajadores*, EDERSA, T. IV, Madrid, 1983; DE VAL TENA, Ángel L.: *Pacto de prueba y contrato de trabajo*, Civitas, Madrid, 1998; DE VAL TENA, Ángel L.: «Extinción del contrato de trabajo durante el período de prueba», *Revista de Estudios Jurídico Laborales y de Seguridad Social*, núm. 2, 2021; GALLEGO MOYA, Fermín: *El periodo de prueba en el contrato de trabajo*, Thomson Reuters Aranzadi, Cizur Menor (Navarra), 2016, PIQUERAS PIQUERAS, Mª Carmen: *La extinción del contrato durante el periodo de prueba como despido*, Ibidem, Madrid, 1995. QUINTANILLA NAVARRO, Raquel Yolanda: «Extinción de contrato de trabajo durante el período de prueba y lesión de derechos fundamentales», *Revista Española de Derecho del Trabajo*, núm. 164, 2014.

ET para hacer efectiva su protección o su derecho a la asistencia social integral— y que, despúes, también, realizará la LOI, incorporando en el art. 53.4 b) la misma presunción para la extinción objetiva del contrato de trabajo.

Esta propuesta que se apunta no se realiza bajo la premisa de ser una cláusula antidiscriminatoria frente a hipotéticos casos que se puedan producir en el futuro, sino que se plantea a partir de casos, algunos recientes, en los que se encuentran involucradas trabajadoras víctimas de violencia de género, que por las circunstancias en que se produce el desistimiento empresarial durante el período de prueba ofrecen ciertas dudas sobre la verdadera motivación de la extinción del contrato. En este sentido, por ejemplo, puede apuntarse el caso que se resuelve en la STSJ de Castilla-La Mancha (sala de lo Social) de 1 de diciembre de 2023[67], en el que a una trabajadora que había formalizado un contrato indefinido a tiempo completo para realizar funciones de recepcionista y que incluía un período de prueba de dos meses, se le comunica la no superación del período de prueba, cuando sólo faltaban diez días para el cumplimiento del mismo y, justamente, el día siguiente a la comunicación por parte de la trabajadora de forma verbal a la empresa de su comparecencia para prestar declaración ante el Juzgado de Violencia sobre la Mujer como perjudicada por un presunto delito de violencia doméstica y de género (lesiones y maltrato familiar). En este caso, el Tribunal desestimó la pretensión de la trabajadora que solicitaba la declaración de la extinción como nula por vulneración de derechos fundamentales al «(…) no poderse apreciar la efectiva aportación por la parte demandante (trabajadora) de indicios que, de forma concreta y precisa, generen realmente una razonable apariencia, sospecha o presunción de la efectiva vulneración (de derechos fundamentales) por la parte demandada (…) puesto que el hecho de que comunicase que tenía que ir a declarar en un juzgado como víctima de violencia de género, no guarda relación alguna con la decisión de extinguir el contrato»[68].

En este punto cabe indicar la dificultad que supone, en no pocas ocasiones, para la parte trabajadora la aportación de indicios que puedan generar una razonable sospecha o presunción de la efectiva vulneración de derechos fundamentales por parte de la empresa, por lo que la inclusión de una presunción en los términos que se propone en casos de violencia de género dotaría de mayores garantías a las trabajadoras víctimas de violencia de género al ver extinguido su contrato, ya que no sería la trabajadora la que tendría que aportar los indicios en el proceso judicial, sino que con la inversión de la carga de la prueba que supone la inclusión de dicha presunción, sería la empresa la que tendría que aportar pruebas que confirmaran que la no superación del período de prueba y, por tanto, la extinción del contrato de la trabajadora víctima de violencia de género, se produce por circunstancias objetivas y ligadas al trabajo, que nada tienen que ver con la situación de violencia de género que padece.

---

67. Rec. 912/2023.

68. Vid. STSJ de Castilla-La Mancha (sala de lo Social) de 1 de diciembre de 2023. Fundamento de Derecho Tercero.

La inclusión de esta presunción automática de nulidad en el régimen del período de prueba supondría un blindaje para la trabajadora víctima de violencia de género frente a usos abusivos de la facultad extintiva reconocida a la empresa durante el período de prueba y, por tanto, que dicha presunción actuara no sólo como una vía de refuerzo de la empleabilidad y de garantía del trabajo para la trabajadora, sino como vía disuasoria de la extinción unilateral del contrato de trabajo por parte de la empresa.

2. MEDIDAS DE ADAPTACIÓN DE LA JORNADA DE TRABAJO: LA REDUCCIÓN DE LA JORNADA Y LA REORDENACIÓN DEL TIEMPO DE TRABAJO

A partir de las previsiones contenidas en el art. 21.1 y la Disposición Adicional Séptima LOVG, el art. 37.8 ET establece que «Las personas trabajadoras que tengan la consideración de víctimas de violencia de género (…) tendrán derecho para hacer efectiva su protección o su derecho a la asistencia social integral a la reducción de la jornada de trabajo con disminución proporcional del salario o a la reordenación del tiempo de trabajo, a través de la adaptación del horario, de la aplicación del horario flexible o de otras formas de ordenación del tiempo de trabajo que se utilicen en la empresa». Asimismo, se indica que «Estos derechos se podrán ejercitar en los términos que para estos supuestos concretos se establezcan en los convenios colectivos o acuerdos entre la empresa y los representantes legales de las personas trabajadoras o conforme al acuerdo entre la empresa y las personas trabajadoras afectadas. En su defecto, la concreción de estos derechos corresponderá a éstas, siendo de aplicación las reglas establecidas en el apartado anterior incluidas las relativas a la resolución de discrepancias».

Atendiendo tanto a la ordenación sistemática, como al contenido del precepto, es posible realizar diversas consideraciones generales. La primera consideración, de carácter formal, se refiere a la ubicación elegida por la norma para incorporar esta primera medida protectora en el ET, ubicación que, tal y como ha tenido la oportunidad de señalar la doctrina, resulta poco adecuada[69], ya que se incorpora como un apartado más del art. 37 ET, el cual está dedicado a los descansos semanales, fiestas y permisos.

Como fácilmente se puede constatar, la naturaleza jurídica de los derechos reconocidos a la víctima de violencia de género no es coincidente con los que regula el art. 37 ET, por ello, compartimos con la doctrina la conveniencia de

---

69. En este sentido se manifiestan, por ejemplo, ARAMENDI SÁNCHEZ, José Pablo: «Los aspectos laborales de la Ley de medidas de protección integral contra la violencia de género», *Revista de Derecho Social*, núm. 30, 2005, p. 61; ARIAS DOMÍNGUEZ, Ángel: *Protección laboral...*, cit. p. 88 y GARCÍA NINET, José Ignacio: «Medidas laborales previstas en la Ley 1/2004, de 28 de diciembre, de medidas de protección integral contra la violencia de género (II)», *Tribuna Social*, núm. 170, 2005, p. 5.

regular de forma separada esta medida protectora[70]. A favor de la ubicación elegida por la norma se ha argumentado la voluntad de vincular, desde un punto de vista sistemático, la reducción de jornada de las víctimas de violencia de género con la reducción de jornada por guarda legal o cuidado de familiares, prevista en otros apartados de dicho precepto[71]. Ahora bien, siendo cierto que todas estas reducciones de jornada comparten características comunes, no nos parece un argumento suficientemente relevante para arrastrar a la regulación protectora de la víctima de violencia de género a compartir con los otros supuestos de reducción de la jornada una sistemática tan caótica y que puede generar confusiones, cuando además la finalidad de la norma se aparta claramente de otros supuestos de reordenación del tiempo de trabajo previstos en el art. 37 ET.

Una segunda consideración, también de carácter formal, es la pérdida de concreción que tiene esta regulación en relación con las personas destinatarias de estas medidas, que viene motivada por la progresiva extensión del art. 37.8 ET a otros colectivos de personas trabajadoras diferentes a las víctimas de violencia de género y que se pone claramente de manifiesto a través de los términos utilizados por la norma para identificar el ámbito subjetivo de las medidas previstas en dicho precepto. De esta manera, se constata que, en la primera redacción del art. 37.8 ET, su ámbito subjetivo quedaba perfectamente delimitado ya que al ser un precepto que se incorporaba «ex novo» en el ET con motivo de la aprobación de la LOVG, los términos utilizados por la norma eran muy precisos al referirse a «las trabajadoras víctimas de violencia de género», pues eran las únicas destinatarias del precepto. Esta precisión, sin embargo, empieza a desaparecer con la reforma laboral que se lleva a cabo en el año 2012 y que supuso la extensión de las medidas contenidas en el art. 37.8 ET al colectivo de víctimas del terrorismo. Esta ampliación del ámbito subjetivo tuvo como resultado la sustitución de la referencia expresa a «las trabajadoras víctimas de violencia de género» por la referencia a «los trabajadores». De esta manera, se opta por la utilización del masculino genérico para identificar las personas trabajadoras que son destinatarias de las medidas previstas en el art. 37.8 ET, lo cual, convenimos con la doctrina[72], es una opción poco afortunada ya que es susceptible de dar lugar a confusiones a la hora de identificar en el precepto quiénes tienen la condición de víctima de violencia de género y, por tanto, quiénes podrán ejercer bajo dicha condición las medidas relativas a la adaptación de los tiempos

---

70. GARCÍA NINET, José Ignacio: «Medidas laborales...», cit. p. 5.

71. Vid., en este sentido, entre otros estudios, ARIAS DOMÍNGUEZ, Ángel: *Protección laboral...*, cit. p. 89; MENÉNDEZ SEBASTIÁN, Paz y VELASCO PORTERO, Teresa: *La incidencia de la violencia de género en el contrato de trabajo*, Ediciones Cinca, Madrid, 2006, p. 70; MONEREO PÉREZ, José Luis y TRIGUERO MARTÍNEZ, Luis Ángel: *La víctima de violencia de género...*, cit. p. 124. En sentido contrario se manifiesta, por ejemplo, GARCÍA TESTAL, Elena: *Derechos de las trabajadoras víctimas de violencia de género*, Tirant lo Blanch, Valencia, 2014, p. 39 y MARTÍNEZ YAÑEZ, Nora: «La protección de la víctima de violencia de género en el ET (I): reducción y ordenación del tiempo de trabajo» en MELLA MÉNDEZ, Lourdes (Dir.): *Violencia de género y Derecho del Trabajo*, La Ley, Madrid, 2012, p. 303.

72. Vid. MORENO GENÉ, Josep y ROMERO BURILLO, Ana Mª.: *Medidas laborales...*, cit. p. 40.

de trabajo, cuestión que hubiera quedado resuelta si se hubiera optado por incluir una doble referencia, por un lado, «a las trabajadoras víctimas de violencia de género» y, por otro lado, a «las persona trabajadoras víctimas de terrorismo».

Esta redacción permaneció inmutable hasta la aprobación del RD-ley 6/2019 que sustituirá la referencia al masculino genérico «trabajadores» por una terminología no sexista e inclusiva como es la de «personas trabajadoras». No obstante, este cambio terminológico sigue sin aportar la concreción que, a nuestro parecer, resulta necesaria para identificar adecuadamente a las personas que forman parte de cada uno de los colectivos a los que van dirigidas las medidas previstas en el art. 37.8 ET, lo cual se confirma tras la nueva ampliación del ámbito subjetivo del art. 37.8 ET producida recientemente tras la aprobación de la LO 4/2024 (Ley de paridad) que reconoce estas mismas medidas también a las víctimas de violencia sexual[73], las cuales según el art. 3.2 y 3.3 de la LO 10/2022 (Ley de libertad sexual) son mujeres, niñas, niños y adolescentes.

Con estas apreciaciones no se pretende criticar la ampliación del ámbito subjetivo de las medidas protectoras que inicialmente se habían previsto para la trabajadora víctima de violencia de género en el art. 37.8 ET, al contrario, nos parece un acierto la adopción de todas aquellas medidas que se consideren convenientes y apropiadas para dotar de la protección que en cada momento necesite la persona trabajadora para afrontar situaciones de vulnerabilidad que puedan poner en peligro la estabilidad del trabajo y el empleo. Y, justamente por ello, con la finalidad de dotar de la mayor seguridad jurídica posible a la regulación existente, nos parece necesario que la norma haga un esfuerzo de precisión a la hora de determinar las personas trabajadoras que en cada caso pueden ejercitar los derechos previstos en el art. 37.8 ET, distinguiendo claramente quién se incluye en cada uno de los colectivos de personas trabajadoras[74].

Cabe indicar que esta propuesta terminológica la hacemos extensible al resto de medidas laborales que se regulan en el Estatuto de los Trabajadores y que, al igual que las previstas en el art. 37.8 ET, se han visto afectadas por modificaciones en su redacción inicial a raíz de sucesivas reformas laborales que se han llevado a cabo desde el año 2012 hasta el año 2024.

Otra consideración, en este caso ya de fondo, que permite realizar el art. 37.8 ET es el carácter excluyente con el que parece configurarse el ejercicio de los derechos que sobre la adaptación de la jornada de trabajo se reconocen a la víctima de violencia de género. La formulación de estos derechos mediante la utilización de la conjunción disyuntiva «o», parece obligar a la trabajadora víctima de violencia de género a optar por la reducción de jornada o por la reordenación de su tiempo de trabajo sin que, por lo tanto, se puedan ejercer de forma acumulativa, reduciendo, por ejemplo, primero el número de horas de trabajo y, seguida-

---

73. Vid. Disposición final novena de la LO 2/2024.

74. En términos parecidos se expresan SEMPERE NAVARRO, Antonio V. y BARRIOS BAUDOR, Guillermo L.: «Protección...», cit. p. 492

mente, flexibilizando el horario del tiempo de trabajo restante[75]. A nuestro parecer la interpretación restrictiva a que lleva el modo en que se regulan estos derechos puede suponer un límite a la protección integral que se pretende ofrecer a la víctima de violencia de género, ya que puede ser necesaria la confluencia del ejercicio de ambas medidas para garantizar la eficacia de la protección[76].

En este punto debemos recordar también que el art. 37.8 ET condiciona el ejercicio de ambas previsiones a que las mismas vayan dirigidas a hacer efectiva la protección o a la asistencia social integral, por lo que sólo en estos casos la víctima de violencia de género podría alegar el reconocimiento de estos derechos, las cuales parece que se nos presentan también como situaciones excluyentes al referirse el precepto nuevamente a ellas con la conjunción disyuntiva «o». Compartimos, nuevamente, con un sector doctrinal, la consideración de que esta forma de expresión puede constituirse en un claro límite a la protección integral que se pretende ofrecer legalmente a la mujer víctima de violencia de género, ya que puede ser necesario, en determinadas circunstancias, que la trabajadora necesite las dos previsiones para que su protección sea eficaz[77]. Pese a ello, por otra parte, también es cierto que, tal y como se apunta por la doctrina, esta manera que ha tenido la norma de concretar las situaciones consigue distinguir y diferenciar a la trabajadora víctima de violencia de género del resto de personas trabajadoras del centro o empresa y hacer entender a la empresa la existencia de razones determinantes para la alteración de la distribución normal de la empresa[78].

En cuanto a la persona responsable en la articulación de la medida protectora, desde un primer momento la única que puede instar el ejercicio de la medida es la víctima de violencia de género y es ella la que debe escoger la forma de adaptación de la jornada de trabajo que mejor se ajuste a sus necesidades, sin que existan limitaciones en su ejercicio en función del vínculo laboral que tenga la trabajadora (indefinido, temporal, a tiempo completo o a tiempo parcial). Más problemático puede resultar determinar en qué momento la trabajadora puede ejercer el derecho a adoptar esta medida, dado que los términos con los que se expresa el art. 37.8 ET son «hacer efectiva su protección o su derecho a la asistencia social integral.

De igual forma, debe apuntarse que las causas que justifican la necesidad de adoptar esta medida que afecta a la jornada de trabajo tienen un alcance muy diferente, ya que mientras en la primera, la justificación viene referida a

---

75. En sentido contrario MARTÍNEZ YAÑEZ, Nora: «La protección de la víctima...», cit. p. 305.

76. Vid. MONEREO PÉREZ, José Luis y TRIGUERO MARTÍNEZ, Luis Ángel: *La víctima de violencia de género...*, cit. p. 124.

77. Ibid, p. 124.

78. MONEREO PÉREZ, José Luis y TRIGUERO MARTÍNEZ, Luis Ángel: *La víctima de violencia de género...*, cit. pág. 124 y SEMPERE NAVARRO, Antonio V.: «Aspectos sociolaborales de la LO 1/2004, de 28 de diciembre» en MUERZA ESPARZA, Julio (Coord.): *Comentarios a la Ley Orgánica de Protección Integral contra la Violencia de Género. Aspectos penales, procesales y laborales*, Thomson-Aranzadi. Navarra (Cizur Menor), 2005, p. 118.

la tutela de la vida y de la integridad física o psíquica de la trabajadora, en la segunda se vincula a la recepción de asistencia, asesoramiento, apoyo social, tratamiento, etc.

A nuestro parecer, el hecho de que se haga mención en el precepto a las diversas motivaciones o justificaciones que lleva a la trabajadora a solicitar a la empresa la adaptación del tiempo de trabajo debe interpretarse como un inciso de carácter didáctico y teleológico que explicita la finalidad de la medida sin que, como se ha indicado por un sector de la doctrina, sea exigible su prueba para ello[79]. A tal efecto, esta cláusula expresa los objetivos que busca la norma con la adopción de la adaptación del tiempo de trabajo, pero no pretende imponer un requisito adicional para poder hacer efectiva la medida y que, por tanto, ello implique que la trabajadora haya de acreditar el concreto cumplimiento de esos fines mediante la reducción o la reordenación de la jornada solicitadas, sino que, por el contrario, basta la acreditación de la condición de víctima de violencia de género por parte de la trabajadora afectada para poder ejercitar esos derechos, lo contrario parece excesivo y podría limitar en la práctica los derechos que la norma reconoce[80].

Pasando ya a las concretas medidas que en materia de adaptación de la jornada de trabajo prevé el art. 37.8 ET, una primera medida consiste en la reducción de la jornada de trabajo con la consiguiente disminución proporcional de salario. Los términos en que se regula esta primera medida resultan, a nuestro parecer, insuficientes, por dos razones principalmente, por un lado, porque existen muchos aspectos en este tipo de reducción de jornada que quedan faltos de concreción y, por otro lado, porque el ejercicio de esta medida repercute negativamente en el poder adquisitivo de la trabajadora víctima de violencia de género.

Por lo que respecta a los aspectos que a nuestro parecer quedan sin concretar en esta modalidad de reducción de jornada se encuentra la duración de la medida, los porcentajes máximos y mínimos de reducción de jornada, la posibilidad de compactar la reducción de jornada en días de trabajo a tiempo completo, la posibilidad de realizar horas extras en estos casos o de renunciar o suspender el pacto de horas complementarias.

---

79. MENÉNDEZ SEBASTIÁN, Paz y VELASCO PORTERO, Teresa: *La incidencia de la violencia...*, cit. pp. 70 y 71.

80. Vid. DE LA PUEBLA PINILLA, Ana: «Aspectos laborales y de protección social en la Ley Orgánica 1/2004, de 28 de diciembre, de medidas de protección integral contra la violencia de género», *Relaciones Laborales*, núm. 6, 2005, p. 1001; LÓPEZ-QUIÑONES GARCÍA, Antonio: «La modificación de las condiciones de trabajo de las trabajadoras víctimas de violencia de género: reducción o reordenación del tiempo de trabajo y movilidad geográfica o de centro de trabajo» en QUESADA SEGURA, Rosa (Dir.) y PERÁN QUESADA, Salvador (Coord.): *La perspectiva laboral de la protección integral de las mujeres víctimas de violencia de género*, Comares, Granada, 2009, pp. 194 y 195; PÉREZ YAÑEZ, Rosa Mª.:« La protección social de las víctimas de violencia de género», *Revista de Trabajo y Acción Social*, núm. 35, 2005, p. 56 y SEMPERE NAVARRO, Antonio V.: «Aspectos sociolaborales de la LO 1/2004...», cit. p. 118.

Para dar respuesta a todas estas cuestiones tendremos que acudir, tal y como indica la norma, a lo previsto en «(...) los convenios colectivos o acuerdos entre la empresa y los representantes legales de las personas trabajadoras o conforme al acuerdo entre empresa y las personas trabajadoras afectadas (...)», o en su defecto, al pacto individual entre trabajadora y empresa. Sin embargo, sin desmerecer el papel que puede jugar la negociación colectiva en sus múltiples manifestaciones, a nuestro parecer resulta conveniente establecer unas pautas generales de aplicación de carácter mínimo, ya que de lo contrario, las mayores o menores posibilidades del ejercicio de esta medida se condicionan a la sensibilidad, oportunidad y posibilidades que tengan los agentes sociales en esta materia, produciéndose tratamientos muy desiguales entre las víctimas de violencia de género dependiendo del sector o empresa donde preste sus servicios la trabajadora. Además, en caso de que no exista ese pacto colectivo, se aboca a la trabajadora a la negociación individual con la empresa, la cual siempre puede resultar más difícil y, en ocasiones, desembocar en un conflicto adicional que deba resolverse por vía judicial, solución que dadas las circunstancias que afectan a la trabajadora no parece lo más oportuno para afrontar la dramática situación que vive en ese momento.

Se ha indicado por un sector doctrinal que la falta de concreción de la norma general puede encontrar su justificación en dotar de la máxima libertad posible a la trabajadora a la hora de concretar el derecho reconocido[81]. No compartimos, sin embargo, dicha opinión, ya que, como hemos indicado anteriormente, los amplios márgenes de actuación pueden dar lugar a interpretaciones restrictivas del derecho y generar desigualdades de trato en función del sector o empresa en la que trabaje la trabajadora. Por ello, aun admitiendo y reconociendo las innegables buenas intenciones de la norma, apostamos por una reforma del precepto en la que, ofreciendo amplios límites de actuación, se reconozcan expresamente los márgenes de desarrollo que permite el derecho, para evitar dudas interpretativas y, en consecuencia, futuros conflictos[82].

En cuanto a la pérdida de poder adquisitivo que supone la adopción de esta medida protectora para la trabajadora, la misma se configura como un factor claramente disuasorio del ejercicio de este derecho, por lo que cabe lamentar la falta de previsión de mecanismos capaces de compensar el descenso de salario que la reducción de jornada produce[83].

---

81. MARTÍNEZ YAÑEZ, Nora: «La protección de la víctima...», cit. p. 315.

82. Vid. en este sentido, también, ROMERO BURILLO, Ana Mª.: «Las medidas laborales de protección de la trabajadora víctima de violencia de género», en RODRÍGUEZ ORGAZ, Cristina y ROMERO BURILLO, Ana Mª (Coords.): *La protección de la víctima de violencia de género. Un estudio multidisciplinar tras diez años de la aprobación de la Ley Orgánica 1/2004*, Thomson Reuters Aranzadi, Cizur Menor (Navarra), 2016, p. 217. Y SANZ SÁEZ, Concepción: «Medidas de protección laboral y de seguridad social para la víctima de violencia de género», *Femeris*, vol. 4, núm.2, 2019, p. 131.

83. Sobre esta cuestión, MONEREO PÉREZ, José Luis y TRIGUERO MARTÍNEZ, Luis Ángel: *La víctima de violencia de género...*, cit. p. 125, consideran que la merma del poder adquisitivo de la

Es razonable considerar que los efectos económicos negativos que acompañan a esta medida no repercutan sobre la empresa y que, por consiguiente, no sea la misma la que deba asumir los costes de la medida, al fin y al cabo, se trata de una situación que afecta a la trabajadora pero que no surge del entorno laboral. Dicho esto, entendemos que no tiene justificación que otros supuestos de reducción de jornada de una trascendencia similar o incluso inferior a la que se produce en los casos de violencia de género cuenten con una respuesta normativa mucho más satisfactoria, como es el caso de las reducciones de jornada previstas en el art. 47 ET, que reconoce la percepción de la prestación de desempleo parcial, de la reducción de jornada para el cuidado de hijos afectados por cáncer u otra enfermedad grave regulada en el art. 37.6 ET, la cual viene acompañada de una prestación económica de seguridad social o, más recientemente, la ampliación que se ha incorporado con la aprobación del RD-ley: 6/2019, de la reducción de jornada de trabajo por lactancia hasta que el o la lactante cumpla los doces meses prevista en el art. 37.4 «in fine» ET, la cual también se acompaña de una nueva prestación económica de seguridad social denominada «prestación por corresponsabilidad en el cuidado del lactante» (arts. 183 a 185 TRLGSS). Entendemos que en caso de violencia de género se justificaba fácilmente la previsión, o bien, de la percepción de la prestación por desempleo o, en su caso, la percepción de una prestación específica para estos supuestos[84]. Otra alternativa también podría ser, aunque nos parece menos interesante y factible que las anteriores, acompañar el mantenimiento en estos supuestos del salario a jornada completa de la trabajadora, con reducciones de cuotas de seguridad social o algún tipo de ventaja fiscal para las empresas.

También en relación con la disminución proporcional de salario en función de la reducción de jornada, cabe recordar los efectos colaterales que se derivan para la trabajadora víctima de violencia de género, como es el cálculo de la indemnización a percibir por la misma cuando tras reducir su jornada de trabajo se encuentra afectada por un despido objetivo o colectivo o, también, otro problema añadido se encuentra en el cálculo de la prestación por desempleo. Ningunas de estas circunstancias fueron tenidas en cuenta en la LOVG, pese a que se trataba de una problemática que ya se había producido en otros supuestos de reducción de jornada previstos en el art. 37 ET y que se venían resolviendo por vía judicial. Se tuvo que esperar a la aprobación de la LOI para dar respuesta legal a estos supuestos por medio de la Disposición Adicional Undécima, apartado 21, que introdujo una nueva Disposición Adicional Decimoctava en el ET, actualmente Disposición Adicional Decimonovena[85], por la que se establece

---

víctima puede hacer que retorne con su agresor en cuanto que puede depender económicamente de él o, si no lo hace, se vea en cierta medida abocada a una exclusión socioeconómica.

84. En este sentido se manifiestan, entre otros, GARCÍA NINET, José Ignacio: «Medidas laborales...», cit. p. 6; LOUSADA AROCHENA, José Fernando: «Aspectos laborales y de Seguridad Social de la violencia de género en la relación de pareja». *Actualidad Laboral*, Tomo I, 2005, p. 755 y MENÉNDEZ SEBASTIÁN, Paz y VELASCO PORTERO, Teresa: *La incidencia de la violencia...*, cit. p. 74.

85. Disposición adicional modificada por el art. 2.16 del Real Decreto-ley 6/2019.

que se tendrá en cuenta a efectos de cálculos de indemnizaciones, el salario completo de la trabajadora antes de producirse la reducción de jornada y la Disposición Adicional Decimoctava de la LOI, que añadió un nuevo apartado 5 al art. 211 del TRLGSS, actualmente art. 270.5 TRLGSS, en virtud del cual se computa a efectos de cálculo de la prestación por desempleo las bases de cotización de la trabajadora incrementadas en un 100% de la cuantía que le hubiera correspondido a la trabajadora si se hubiera mantenido sin reducción.

El problema que sigue sin contar con una respuesta legal y que tiene una gran trascendencia para el cálculo de otras prestaciones de la Seguridad Social, como puede ser el nacimiento y cuidado de menor, la incapacidad permanente o la jubilación, es la ausencia de cualquier tipo de régimen especial de cotización, en la línea del previsto para la prestación por desempleo anteriormente mencionado, para los casos de reducción de jornada de la trabajadora víctima de violencia de género, lo cual, de computarse esos períodos de reducción tal cual, se vería afectada a la baja la prestación económica a percibir, ya que, como señala la ley, la reducción de jornada viene acompañada de disminución proporcional del salario de la trabajadora. La falta de solución a esta problemática se hace más incomprensible si tenemos en cuenta que otras situaciones de reducción de jornada con la misma problemática han ido encontrando soluciones parciales a lo largo de los últimos años, primero en la LOI y después en la Ley de Presupuestos Generales del Estado para el año 2011.

En estos supuestos, mientras no exista otra regulación legal y a fin de que la trabajadora no vea repercutir en sus futuras prestaciones de Seguridad Social los efectos de la reducción de jornada se podrá acudir al art. 21 de la Orden TAS/2965/2023, de 13 de octubre, que regula el convenio especial en el Sistema de la Seguridad Social, en el que se prevé expresamente para los casos de reducción de jornada con disminución proporcional de salario, entre otros supuestos, por motivos de violencia de género, la suscripción de un convenio especial para el mantenimiento durante el tiempo de reducción de la jornada las bases de cotización en las cuantías en las que la trabajadora venía cotizando con anterioridad a la reducción de jornada. Ahora bien, tal y como bien ha apuntado la doctrina, la suscripción de este convenio comporta que la trabajadora víctima de violencia de género corre con los costes que se derivan de la suscripción de dicho convenio, salvo que, por vía de convenio colectivo, la empresa asuma el coste total o una parte de dichas diferencias económicas, por lo que todo hace pensar que no es una solución demasiado satisfactoria en tanto que la misma supone generar un gasto adicional en un momento nada conveniente para la víctima de violencia de género que ha visto disminuida su capacidad de ingresos como consecuencia de la reducción de jornada de trabajo[86].

Junto a la reducción de jornada, el art. 37.8 ET reconoce el derecho que tiene la trabajadora víctima de violencia de género a realizar una reordenación del

---

86. Vid. MORENO GENÉ, Josep y ROMERO BURILLO, Ana Mª.: *Medidas laborales...*, cit. pp. 104 y 105.

tiempo de trabajo, lo cual se puede concretar por medio de una adaptación del horario, la aplicación de un horario flexible, o bien, a través del acceso a otras medidas previstas por la empresa para la ordenación del tiempo de trabajo. A nuestro parecer, los términos con los que se expresa el precepto permiten realizar una interpretación extensiva del mismo, dando cabida a una multitud de manifestaciones, entre las que se encuentran, por ejemplo, los cambios en el horario de entrada y salida del trabajo, cambio en el calendario de disfrute de vacaciones, fijación de una jornada irregular de trabajo, acumulación del tiempo de trabajo en varios días de la semana, etcétera. De igual forma, coincidimos con la doctrina en considerar que la previsión del art. 37.8 ET no debe aplicarse de manera rígida, permitiendo a la trabajadora individualmente reordenar su tiempo de trabajo, aunque de manera compatible con la organización empresarial, pero no limitándola a las formas de distribución del tiempo de trabajo existentes en la empresa[87].

Al igual que en el caso del derecho a la reducción de jornada, se trata de medidas que puede ejercitar la trabajadora con independencia de si se ha formalizado un contrato a tiempo completo o a tiempo parcial y la modalidad contractual que se haya utilizado.

Estas variaciones pueden aportar mayor seguridad a la trabajadora ya que pueden, por un lado, evitar de alguna manera, el control de sus horarios por parte del agresor y dificultar la localización de la víctima por parte de su pareja o expareja, al no poder controlar a priori el horario de entrada y/o salida de la trabajadora, ni en su caso los días que trabaja o que tiene descanso y, por otro lado, pueden facilitarle la recepción de asistencia y, en general, la mejora de la conciliación de su trabajo con las circunstancias derivadas de su situación[88].

La reordenación de la jornada de trabajo es una medida que, a nuestro parecer, ofrece una gran flexibilidad para la trabajadora víctima de violencia de género y, a diferencia de la reducción de jornada, resulta más ventajosa en tanto que permite mantener los mismos ingresos del trabajo al desarrollar la prestación de servicios en términos temporales equivalentes a los que realizaba con anterioridad a la reordenación de la jornada, pero acomodando su distribución a sus necesidades de protección y asistencia.

Ahora bien, esta afirmación debe ser matizada ya que aunque inicialmente y como se mantiene la duración de la jornada pactada es cierto que esta modificación de la jornada no tiene coste retributivo en general para la trabajadora, según cuál sea la forma en que se produzca la reordenación del tiempo de trabajo ello puede comportar indirectamente algún coste económico, como sería el caso, por ejemplo, de la no realización del trabajo a turnos o el cambio de un

---

87. Vid., en este sentido, entre otros estudios GARCÍA TESTAL, Elena y FERNÁNDEZ PRATS, Celia: «Medidas de protección para garantizar la estabilidad laboral y social de las víctimas de violencia de género» en BOIX REIG, Javier y MARTÍNEZ GARCÍA, Elena (Coords.): *La nueva ley contra la violencia de género. (LO 1/2004, de 28 de diciembre)*, Iustel, Madrid, 2005, p. 431.

88. Vid. LÓPEZ-QUIÑONES GARCÍA, Antonio: «La modificación de las condiciones de trabajo…», cit. p. 211.

horario nocturno a diurno, los cuales se suelen acompañar del reconocimiento de complementos salariales específicos, a no ser que se pacte vía acuerdo colectivo o individual el mantenimiento de las retribuciones de la trabajadora víctima de violencia de género[89].

Por otra parte, cabe señalar, también, que pese al margen teórico que a nuestro parecer ofrece el art. 37.8 ET, este derecho cuenta con un importante límite y que no es otro que el de la propia organización empresarial, de manera que los cambios que se propongan tienen que resultar compatibles con el proceso productivo de la empresa; de lo contrario, entendemos que no será posible realizarlos[90]. No obstante, la incompatibilidad entre la organización del trabajo o las características del puesto que ocupa la trabajadora y la reordenación que ésta solicita tiene que ser absoluta, no siendo suficiente que la medida simplemente ocasione algún trastorno a la empresa, prevaleciendo, en este caso, el interés de la trabajadora, dado la enorme relevancia del bien jurídico protegido y la especial debilidad de la víctima frente a la organización empresarial a la cual debe reclamarse un esfuerzo razonable de adaptación[91]. Además, compartimos la opinión mantenida por un sector de la doctrina que considera que el hecho de que una determinada forma de reordenación del tiempo de trabajo no sea de aplicación en la empresa, no queda automáticamente descartada en su aplicación, siempre que, tal y como hemos indicado anteriormente, la misma sea compatible razonablemente con la organización empresarial[92].

Por último, otra dificultad en el ejercicio de este derecho es su propia inconcreción legal, ya que nuevamente se deja en manos de la negociación colectiva o el acuerdo individual la determinación de esta medida laboral. En todo caso, parece que la norma pretende que las modificaciones que se produzcan sean consensuadas, si bien, en último término, según se indica en el art. 37.8 ET, la concreción de estos derechos —como sucede en el caso de la reducción de jornada—, corresponderá a la trabajadora, siendo de aplicación las reglas establecidas en el art. 37.7 ET, incluidas las relativas a la resolución de discrepancias por vía judicial, vía esta última, que como ya hemos indicado anteriormente, aunque evidentemente resulta necesaria su previsión, debe evitarse en lo posible por la situación traumática que ya vive la trabajadora como víctima de violencia de género.

En todo caso, si finalmente se tuviera que acudir a la vía judicial para resolver las discrepancias surgidas en la aplicación de las medidas de adaptación de los tiempos de trabajo, tanto si se trata de reducción de jornada de trabajo, como

---

89. Vid. FERNÁNDEZ URRUTIA, Aránzazu: «Avances, reflexiones y nuevas propuestas…», cit. p. 160 y LÓPEZ-QUIÑONES GARCÍA, Antonio: «La modificación de las condiciones de trabajo…», cit. p. 212.

90. Opinión mantenida, por ejemplo, por GALA DURÁN, Carolina: «Violencia de género y Derecho del Trabajo: una aproximación a las medidas previstas». *Relaciones Laborales*, núm. 10, 2005, p. 38 y GARCÍA TESTAL, Eva: *Derechos de las trabajadoras…*, cit. pp. 46 y 47.

91. MENÉNDEZ SEBASTIÁN, Paz y VELASCO PORTERO, Teresa: *La incidencia de la violencia…*, cit. p. 75.

92. MARTÍNEZ YAÑEZ, Nora: «La protección de la víctima…», cit. p. 326.

de adaptación de la jornada de trabajo, habrá que seguir, según se indica en el art. 37.8 ET, que se remite a su vez al art. 37.7 ET, el procedimiento establecido en el art. 139 de la Ley 36/2011, de 10 de octubre, Reguladora de la Jurisdicción Social[93] (en adelante LRJS), de carácter urgente y de tramitación preferente, referido a los derechos de conciliación de la vida personal, familiar y laboral reconocidos legal o convencionalmente.

3. LA MODIFICACIÓN DE LA FORMA DE TRABAJAR: EL RECURSO AL TRABAJO A DISTANCIA

El RD-Ley 6/2019 incorpora como novedad en el art. 37.8 ET la posibilidad de que la trabajadora víctima de violencia de género modifique la forma de prestar sus servicios en la empresa una vez adquirida dicha condición. Concretamente, la modificación que se prevé en este precepto es el paso del trabajo presencial al trabajo a distancia, ya sea de forma parcial o total o viceversa, a fin de hacer efectiva su protección o su derecho a la asistencia social integral.

Nos encontramos, por tanto, ante un nuevo mecanismo flexibilizador de la prestación de servicios dirigido a facilitar la permanencia de la trabajadora víctima de violencia de género, intentando hacer compatible su trabajo con las medidas dirigidas a protegerla frente a la situación de violencia que padece.

El recurso al trabajo a distancia y, en especial, al teletrabajo, si bien en el momento en que se incorpora en el año 2019 podía parecer una medida aplicable en un número reducido de empresas, lo cierto es que tras la pandemia de la COVID-19, el interés por esta forma de trabajar ha crecido exponencialmente.

La encuesta llevada a cabo por Eurofound en abril de 2020 *«Living, working and COVID-19»* permite constatar que la llegada del coronavirus aceleró la implantación del teletrabajo, de tal forma que en España la proporción de personas empleadas que comenzó a teletrabajar ascendió hasta el 31,7%[94].

Tras la pandemia y con la vuelta a la normalidad, aunque se produjo, como era previsible, una disminución en la utilización de esta forma de trabajar, lo cierto es que el teletrabajo ha dejado de considerarse como algo excepcional, convirtiéndose en una modalidad de trabajo que se encuentra cada vez más presente en las empresas.

Esta realidad se ve claramente reflejada en los diversos estudios e informes que se han venido realizando sobre la materia, en donde se pone de relieve como en estos dos últimos años España ha pasado de ser el país europeo con menor implantación de teletrabajo —tres de cada cuatro personas adultas no

---

93. BOE de 11 de octubre de 2011.

94. Vid. EUROFOUND: *Living, working and COVID-19, COVID-19 series*, Publications Office of the European Union, Luxemburgo, 2020. No obstante, estas cifras siguen estando por debajo de los valores medios europeos situados en torno al 40% y muy lejos de los países nórdicos donde se ha llegado a alcanzar el 60%, como es el caso de Finlandia.

habían trabajado nunca a distancia— a ser el tercero con mayor preferencia por esta modalidad de trabajo. El 83,7% ha mostrado su deseo de incorporarlo de alguna forma en su prestación de servicios ordinaria y el 23,6% por hacerlo a diario, el segundo porcentaje más elevado de la UE[95].

Por su parte, en la Encuesta de Población Activa (EPA) correspondiente al cuarto trimestre del año 2023, se constata como el teletrabajo experimentó un aumento notable, concretamente del 19,4%, en comparación con el mismo período del año anterior, superando así los tres millones de personas ocupadas en modalidad remota por primera vez desde inicios del 2021[96], una tendencia que sigue al alza según los datos correspondientes al cuarto trimestre del año 2024, en el que se alcanzó el 14,6% de las personas empleadas, la cifra más elevada desde el confinamiento[97].

Es evidente, no obstante, que el recurso al trabajo a distancia, en general y, al teletrabajo, en particular, viene totalmente condicionado por el tipo de trabajo que se desarrolla en la empresa, de manera que, en no pocas ocasiones, aunque exista voluntad en realizar el paso al teletrabajo, la naturaleza presencial de la actividad no lo hará posible, sobre todo si tenemos en cuenta que los sectores en los que mayoritariamente trabajan las mujeres son de carácter presencial (educación, sanidad, hostelería, actividades de cuidados…).

En todo caso, si el paso al trabajo a distancia es posible, entendemos que su ejercicio deberá seguir las pautas del resto de medidas que se encuentran previstas en el art. 37.8 ET destinadas a la trabajadora víctima de violencia de género, lo que supone introducir una excepción al carácter voluntario que se predica en el art. 5.1 LTD del trabajo a distancia, según el cual sólo es posible el paso de un trabajo presencial a uno a distancia o viceversa si existe acuerdo previo entre las partes contratantes.

En el caso que nos ocupa, ese carácter voluntario quiebra ya que el art. 37.8 ET reconoce expresamente a la trabajadora víctima de violencia de género el derecho a solicitar a la empresa el cambio en la forma de trabajar y, por tanto, ese principio de libre concurrencia de voluntades que prevé el art. 5.1 LTD debe ceder por lo que a la perspectiva empresarial se refiere, es decir, no será posible que la empresa deniegue la solicitud sin justificación. Ahora bien, también debe tenerse en cuenta que las previsiones del art. 37.8 ET no comportan un derecho «a la carta» sobre trabajo a distancia, sino que lo que se reconoce es el derecho a solicitar el cambio de forma de trabajar si concurren las circunstancias que

---

95. Vid. OBSERVATORIO NACIONAL DE TECNOLOGÍA Y SOCIEDAD: *El teletrabajo en España. Antes, durante y después de la pandemia*, Ministerio de Asuntos Económicos y Transformación Digital, Madrid, 2022, pág. 12.

96. Vid. INE, *Encuesta de Población Activa. Cuarto trimestre 2023.*

97. Vid. INE, *Encuesta de Población Activa. Cuarto trimestre* 2024. Vid. también *Informe elaborado por la Subdirección General de Estadística y Análisis Sociolaboral del Ministerio de Trabajo y Economía Social,*

https://www.mites.gob.es/ficheros/ministerio/sec_trabajo/analisis_mercado_trabajo/EPA/2024/Tercer_trimestre/EPA-2024-T3-MITES-SGEAS.pdf

marca la norma. En todo caso, y como ya apuntábamos en relación con la reducción de jornada y la adaptación de jornada de trabajo, los términos con los que se expresa la norma tienden a promover el acuerdo entre las partes.

En cuanto a la forma de articular el paso a un trabajo a distancia, una primera consideración a realizar es que el art. 37.8 ET no remite en ningún momento para la regulación de las condiciones de esta forma de trabajar a la LTD. Ahora bien, entendemos que si nos encontramos ante una prestación por cuenta ajena que reúne los requisitos de laboralidad previstos en el art. 1.1 ET y la prestación en remoto se ajusta a los requerimientos del ámbito de aplicación de la LTD, la normativa de referencia para articular las condiciones de la prestación del trabajo a distancia debería ser dicha norma.

Con respecto a esta última consideración, cabe recordar que, según se indica en el art. 1 LTD en concordancia con el art. 2 a) LTD, a efectos de esta ley el trabajo a distancia es aquella forma de organización del trabajo o de realización de la actividad laboral conforme a la cual esta se presta en el domicilio de la persona trabajadora o en el lugar elegido por esta, durante toda su jornada o parte de ella, con carácter regular, entendiéndose por regular el trabajo a distancia que se preste, en un período de referencia de tres meses, un mínimo del treinta por ciento de la jornada, o el porcentaje proporcional equivalente en función de la duración del contrato de trabajo.

Esta definición legal de trabajo a distancia permite concluir que en el caso de que la prestación de servicios en remoto que se adopte por la trabajadora víctima de violencia de género no cumpla con los porcentajes previstos por la LTD, dicha norma no será de aplicación en la regulación del trabajo a distancia, a no ser que así se acuerde por las partes contratantes.

Por otro lado, si el paso al trabajo a distancia se ajusta a la definición de la LTD entendemos que sí sería de aplicación esta ley, si bien, la propia LTD parece admitir la posibilidad de la flexibilización de algunas de las condiciones reguladas por la misma en aras de garantizar la efectiva protección de la trabajadora víctima de violencia de género. En este sentido parece expresarse el art. 4.1 LTD cuando indica que «En la elaboración de medidas para la protección de las víctimas de violencia de género, deberán tenerse especialmente en cuenta, dentro de la capacidad de actuación empresarial en este ámbito, las posibles consecuencias y particularidades de esta forma de prestación de servicios en aras a la protección y garantía de derechos sociolaborales de estas personas».

Ahora bien, en la medida en que se cuenta con una norma relativamente reciente que ha llevado a cabo una actualización amplia y completa de la materia, identificando los grandes núcleos temáticos necesitados de regulación, en los que se entremezclan los viejos y los nuevos derechos presentes en esta forma de trabajar, nos parece aconsejable que en la medida de lo posible el trabajo a distancia a desarrollar por la trabajadora víctima de violencia de género se ajuste a los requerimientos de la LTD a fin de dotar de la mayor seguridad jurídica a la trabajadora, en especial en aspectos tales como la adopción del acuerdo individual de trabajo a distancia, la determinación de la aportación empresarial de los medios de trabajo, la asunción de gastos por parte de la empresa o los relativos a las medidas de prevención de riesgos laborales.

Por lo que se refiere a la posibilidad de aplicar de forma conjunta o sucesiva el resto de medidas laborales que se prevén para la trabajadora víctima de violencia de género en el art. 37.8 ET, es decir, la reducción de jornada y la introducción de adaptaciones en el tiempo de trabajo, apostamos, tal y como ya se ha indicado con anterioridad, por una interpretación flexible de la aplicación de dichas medidas y, en tanto que la norma nada dice en contrario, no encontramos ningún motivo por el cual en un trabajo a distancia no se pueda aplicar también una reducción de jornada o se flexibilice los tiempos de inicio o finalización del trabajo o, que, por ejemplo, en un momento dado la trabajadora opte por un trabajo a distancia y, con posterioridad, pueda volver al trabajo presencial optando por una reducción de jornada.

Para finalizar, cabe realizar una consideración relativa a los mecanismos previstos por la norma para resolver las discrepancias que puedan surgir en la solicitud del paso a un trabajo a distancia o viceversa y que nos parece puede dar lugar a cierta confusión en su aplicación práctica.

Tal y como hemos tenido oportunidad de analizar, el art. 37.8 ET, que es el precepto que regula conjuntamente la reducción de jornada, la adaptación de los tiempos de trabajo y el cambio de forma de trabajar, indica que las discrepancias que puedan surgir deberán resolverse aplicando las normas previstas en el art. 37.6 ET, el cual, a su vez, señala que dichas discrepancias serán resueltas por la jurisdicción social a través del procedimiento establecido en el art. 139 LRSJ. Ahora bien, dicha remisión plantea un problema aplicativo que consideramos conveniente que la norma aclare, ya que la propia LRJS cuenta con un procedimiento especial para la resolución de las discrepancias en materia de acceso, reversión y modificación del trabajo a distancia que se encuentra previsto en el art. 138 bis LRJS, por lo que en los casos en los que surja una discrepancia entre empresa y trabajadora víctima de violencia de género referido al paso al trabajo a distancia o al retorno al trabajo presencial surge la duda de a qué procedimiento acudir, si tal y como indica el art. 37.8 ET, al art. 139 LRJS o si, por el contrario, al procedimiento especial previsto en el art. 138 bis LRJS. Cabe indicar respecto al proceso especial de tramitación de reclamaciones del trabajo a distancia que comparte con el procedimiento del art. 139 LRJS el mismo carácter urgente y de tramitación preferente.

4. EL CAMBIO DE LUGAR DE TRABAJO A INSTANCIAS DE LA TRABAJADORA: UN SUPUESTO ATÍPICO DE MOVILIDAD GEOGRÁFICA

Otro mecanismo dirigido a garantizar la permanencia de la trabajadora víctima de violencia de género en la empresa se concreta en la posibilidad que se otorga a la trabajadora de solicitar el cambio a un centro de trabajo diferente al que venía desarrollando hasta el momento su trabajo. Esta medida se incorpora como un nuevo supuesto de movilidad geográfica, con la inclusión en el art. 40 ET de un apartado 4 y, si bien se trata de un supuesto que se aplica a instancias de la trabajadora, no puede calificarse de un cambio voluntario de lugar de trabajo, sino que, tal y como indica el propio precepto, se trata de una medida a la que se ve «obligada» para «hacer efectivo su derecho a la asistencia integral».

De acuerdo con lo previsto en este precepto, la efectividad de la medida se condiciona a la concurrencia de dos elementos fundamentales, el primero consiste en que la empresa donde trabaja la víctima de violencia de género cuente con diversos centros de trabajo y, el segundo, es que existan vacantes en dichos centros correspondientes al mismo grupo profesional que ostenta la trabajadora, o bien, que sean de categorías equivalentes. La concurrencia de ambos requisitos limita de forma importante la aplicación de esta medida, ya que sólo cuando la trabajadora preste sus servicios en empresas de unas dimensiones considerables será posible la concreción de este supuesto[98]. Por otra parte, la trabajadora en estos casos no tiene derecho al cambio automático de centro de trabajo, sino que se le reconoce únicamente un derecho preferente a ocupar un puesto de trabajo en otro centro de trabajo distinto.

Por otro lado, el derecho reconocido a la trabajadora exige a la parte empresarial una actitud activa para su efectiva aplicación, exigiendo la norma la comunicación periódica a la plantilla de la empresa de las vacantes existentes en cada momento o las que se puedan prever en el futuro. Tampoco creemos que en estos casos la empresa pueda oponerse al ejercicio del derecho por parte de la trabajadora, si bien, también entendemos, como en los derechos referidos a la ordenación del tiempo de trabajo y a los cambios en la forma de trabajar, que la medida debe ser razonablemente posible dentro de la organización ordinaria de la empresa.

En todo caso, a nuestro parecer, a diferencia de las medidas previstas en el art. 37.8 ET estudiadas anteriormente, si se dan las condiciones que marca la ley, por la propia naturaleza de la medida, el margen de negociación de la misma por parte de la empresa es muy limitada.

En cuanto a la duración prevista para esta medida, el art. 40.4 ET, en la redacción originaria incorporada por la LOVG establecía que el cambio de centro de trabajo inicialmente se podía prolongar hasta un máximo de seis meses, pasados los cuales, la trabajadora debía decidir de forma definitiva su permanencia en el nuevo centro de trabajo, en cuyo caso decaía el derecho de reserva de su puesto de trabajo que se le venía reconociendo en el centro de trabajo originario, o bien, se reincorporaba a su puesto de trabajo en el antiguo centro de trabajo.

Esta duración se ha visto modificada con motivo de la aprobación de la LO 2/2024 (Ley de paridad), al incorporar en su Disposición final novena una nueva regulación que ha supuesto pasar de que el cambio a otro centro de trabajo sea

---

98. Vid. en este sentido MONEREO PÉREZ, José Luis y TRIGUERO MARTÍNEZ, Luis Ángel: *La víctima de violencia...*, cit. p. 126.

de una duración máxima de 6 meses a que sea de una duración mínima de seis meses, pudiéndose prolongar dicho cambio hasta un máximo de doce meses. Esta ampliación legal de la duración en seis meses resulta un acierto, ya que dota de un mayor margen de maniobra a la trabajadora para valorar los beneficios que el cambio de lugar de trabajo le aporta en el proceso de recuperación y la conveniencia de su mantenimiento.

La previsión de una medida de estas características merece una buena acogida, ya que no es excepcional que la protección de la víctima de violencia de género requiera, en algunos casos, del distanciamiento de la localidad o de los lugares que habitualmente frecuenta la víctima. Ahora bien, el modo en que se regula la medida, da pie a ciertas dudas interpretativas que generan algunos inconvenientes en cuanto a determinar su alcance real y su efectividad. Uno de estos inconvenientes viene referido a las dificultades de aplicar la medida cuando nos encontramos con empresas de pequeñas dimensiones, las cuales al contar con un único centro de trabajo o varios, pero situados en la misma localidad, pueden hacer imposible o ineficaz la aplicación del art. 40.4 ET. A tal efecto, no podemos olvidar que el tejido empresarial español está compuesto mayoritariamente por pequeñas y medianas empresas, lo que supone que, en no pocas ocasiones, nos encontremos con empresas conformadas con un único centro de trabajo, por lo que en tales casos la medida prevista en el art. 40.4 ET resultará inaplicable[99].

Por otra parte, la ubicación y los términos con los que se expresa la norma en relación con esta medida también generan ciertas dudas interpretativas que pueden condicionar de forma importante su aplicación.

En este sentido, la inclusión de esta medida en el art. 40 ET plantea la cuestión de si debe considerarse este tipo de movilidad como un supuesto de movilidad geográfica pura, es decir, que únicamente nos estamos refiriendo a supuestos de cambio de lugar de trabajo que implican simultáneamente un cambio de residencia de la trabajadora, o si, por el contrario, atendiendo a la finalidad

---

99. Según los datos facilitados por el Ministerio de Industria y Turismo en el último informe publicado en el año 2024, el número de empresas existentes en España en 2023 era de 3.207.580, de las cuales sólo el 0,2% eran grandes empresas, lo que suponía que el 99,8% del tejido empresarial español estaba compuesto por pequeñas y medianas empresas, de las cuales el 53,6% no contaban con ninguna persona asalariada y cerca del 95% contaban con menos de 10 personas trabajadoras. Vid. *Informe Estructura y Dinámica empresarial en España*. https://industria.gob.es/es-es/estadisticas/Estadisticas_Territoriales/Estructura-Dinamica-Empresarial-2023.pdf.

Estos datos no han variado mucho con respecto al año 2024, ya que según «Cifras PyME», publicación de carácter mensual, elaborada a partir de los datos de empresas inscritas en la Seguridad Social publicados por el Ministerio de Inclusión, Seguridad Social y Migraciones, a 31 de diciembre de 2024 el número total de empresas existentes en España era de 2.948.527, 5811 eran grandes empresas, es decir, casi el 0,2% del total del tejido empresarial español, mientras que 2.942.646 eran pequeñas y medianas empresas, conformando, de este modo, casi el 99,8% del total de las empresas, de las cuales, 1.603.593 eran empresas que no contaban con ninguna persona asalariada (54,38%) y 1.139.427 eran empresas que contaban entre 1 y 9 personas trabajadoras (85,08%). Vid. *Cifras PyME. Datos Diciembre 2024*, https://ipyme.org/Publicaciones/Cifras%20PYME/CifrasPyme-diciembre2024.pdf

perseguida por la norma y pese a su ubicación en el art. 40 ET, el apartado 4 debe entenderse referido a cualquier cambio de centro de trabajo situado en otra localidad, implique o no el cambio de residencia de la víctima de violencia de género. A nuestro parecer debe optarse por realizar una interpretación extensiva del precepto y posibilitar el cambio de centro de trabajo con independencia de si dicho cambio comporta, a su vez, el cambio de residencia de la trabajadora o no. Esta interpretación, además de justificarse en razones finalistas, encuentra su apoyo en el propio redactado del precepto, ya que en su párrafo tercero, al referirse al cambio de centro de trabajo, se refiere a «el traslado» o «el cambio de centro de trabajo»[100].

De igual forma, cabe plantearse si este precepto es de aplicación para cambios a centros de trabajo situados en diferentes localidades o si esta medida también se puede hacer efectiva cuando los centros de trabajo se encuentren situados en la misma localidad. Esta duda surge de nuevo a partir de la propia redacción del art. 40.4 ET, ya que si bien en el apartado primero de este precepto se hace mención a «abandonar el puesto de trabajo en la localidad en donde se venían prestando sus servicios», también en su parte final utiliza los términos «cualquier otro de sus centros de trabajo» y, en el párrafo tercero, tal y como acabamos de señalar anteriormente, se refiere a «traslado» o «cambio de centro de trabajo». A este respecto, un sector de la doctrina viene apostando por realizar una interpretación amplia y extensiva del precepto, al considerar que de optarse por una interpretación restrictiva, se estaría produciendo una limitación de las facultades de la trabajadora carente de sentido, además de que tal interpretación parece ajustarse mejor a la previsión que se contiene en el art. 21.1 LOVG cuando se indica que la trabajadora tiene derecho a la movilidad geográfica y al cambio de centro de trabajo, como dos derechos separados[101].

No obstante, y aun defendiendo que el art. 40.4 ET prevé también un supuesto de cambio de centro de trabajo dentro de la misma localidad, consideramos que es un mecanismo que, en no pocas ocasiones, puede tener una eficacia limitada, ya que si bien en las grandes ciudades puede suponer el cambio de rutinas diarias y, en consecuencia, el acosador-maltratador encontrará mayores dificultades para la persecución de la trabajadora, desafortunadamente, lo fre-

---

100. En este mismo sentido vid., entre otros, FABREGAT MONFORT, Gemma: «La movilidad geográfica de la trabajadora víctima de violencia de género: algunos aspectos críticos del art. 40.3 bis ET», *Revista Europea de Derechos Fundamentales*, núm. 19, 2012, p. 282; GARCÍA TESTAL, Eva: *Derechos de las trabajadoras...*, cit. p. 47; MATEU CARRUANA, Mª Josefina: *Medidas laborales, de protección social y de fomento del empleo para las víctimas de violencia de género*, Dykinson, Madrid, 2007, pp. 90 y 91 y MENÉNDEZ SEBASTIÁN, Paz y VELASCO PORTERO, Teresa: *Incidencia de la violencia de género...*, cit. p. 85.

101. Vid. ARIAS DOMÍNGUEZ, Ángel: *Protección laboral...*, cit. pág. 102; GALA DURÁN, Carolina: «Violencia de género y Derecho del Trabajo...» cit. p. 40; MENÉNDEZ SEBASTIÁN, Paz y VELASCO PORTERO, Teresa: *Incidencia de la violencia de género...*, cit. p. 81; MONEREO PÉREZ, José Luis y TRIGUERO MARTÍNEZ, Luis Ángel: *La víctima de violencia...*, cit. p. 126 y SEMPERE NAVARRO, Antonio V.: «Aspectos sociolaborales...» cit. p. 131. En sentido contrario vid. FABREGAT MONFORT, Gemma: «La movilidad geográfica...», cit. pp. 282 y 283.

cuente es que éste siga la pista de su víctima. En consecuencia, la medida que realmente puede tener mayor impacto para la trabajadora es aquella que implica cambio de centro de trabajo a otra localidad, es decir, que implique cambio de ciudad, cambio de rutina, cambio de centro de trabajo, cambio de domicilio y de entorno social[102].

Todas estas dudas interpretativas son las que han llevado a la doctrina a calificar el supuesto contenido en el art. 40.4 ET, como un supuesto «atípico»[103] de movilidad geográfica. A nuestro parecer, incluso cabría cuestionarse si en realidad podemos hablar verdaderamente de una manifestación de movilidad geográfica, ya que a partir de la formulación abierta que se realiza de este precepto y realizando una interpretación teleológica del mismo, es posible realizar una interpretación extensiva del derecho reconocido a la víctima de violencia de género, siendo posible, por tanto, que la trabajadora haga valer este derecho solicitando un cambio de centro de trabajo con independencia de que implique necesariamente el cambio de residencia de la misma[104]. Por todo ello, nos parece que la ubicación reservada por parte de la norma a este mecanismo de protección de la trabajadora víctima de violencia de género no es la más adecuada, ya que el art. 40 ET es un precepto destinado, al menos originariamente, a regular los cambios sustanciales de lugar de trabajo decididos unilateralmente por la empresa, justificados en razones económicas, técnicas, organizativas o de producción, supuestos, por tanto, que se encuentran en las antípodas de las situación que pretende regular el art. 21.1 LOVG.

Partiendo de esta interpretación extensiva de los supuestos que regula el art. 40.4 ET y, por tanto, entendiendo que es posible tanto solicitar un cambio a un centro de trabajo de una localidad diferente de la que se encuentra el domicilio de la trabajadora víctima de violencia de género, como también el cambio de centro de trabajo dentro de la misma localidad, otra cuestión que se plantea es conocer si en la norma se ha previsto algún criterio de opción que determine el modo de hacer efectivo este derecho. Es decir, si en caso de hacerse necesario este cambio de centro de trabajo, la trabajadora debe justificar de algún modo por qué elige una opción u otra y, de igual forma, se plantea también la duda de si es posible que la trabajadora pueda optar primero por el cambio dentro de la misma localidad y, sólo si esta modificación no resulta adecuada para hacer efectiva su protección, optar por el cambio a un centro de trabajo de otra localidad o, viceversa, en función del supuesto que pueda resultar más idóneo para su protección.

---

102. Vid. MONEREO PÉREZ, José Luis y TRIGUERO MARTÍNEZ, Luis Ángel: *La víctima de violencia...*, cit. p. 127.

103. Vid. TERRADILLOS ORMAETXEA, Edurne: «La protección de la víctima de violencia de género en el ET (II): movilidad geográfica» en MELLA MÉNDEZ, Lourdes (Dir.): *Violencia de género y Derecho del Trabajo*, La Ley, Madrid, 2021, cit. p. 351.

104. Vid. entre otros estudios, ARIAS DOMÍNGUEZ, Ángel: *Protección laboral...*, cit. p. 102; ARAMENDI SÁNCHEZ, Juan Pablo: «Los aspectos laborales...», cit. p. 65 y SEMPERE NAVARRO, Antonio V.: «Aspectos sociolaborales...», cit. p. 41.

De acuerdo con los términos con los que se expresa el precepto nada hace pensar que la trabajadora no pueda optar libremente por cualquiera de las dos opciones sin tener que dar más explicaciones sobre los motivos que le llevan a elegir una u otra opción[105]. Por otra parte y, aunque de la lectura de este precepto parece quedar implícita la idea de que la trabajadora tiene derecho a una sola variación del lugar de trabajo[106], compartimos la opinión doctrinal que considera que la norma tampoco cierra claramente la posibilidad de ejercer el derecho al cambio de centro de trabajo en varias ocasiones, proponiendo una interpretación flexibilizadora de la medida[107].

Otra cuestión que plantea la regulación prevista en el art. 40.4 ET, es si al señalarse que este derecho se reconoce a la trabajadora que «se vea obligada a abandonar su puesto de trabajo», se está estableciendo una exigencia adicional para ejercer el derecho que se concede. Es decir, considerar que a la acreditación por parte de la trabajadora de la condición de víctima de violencia de género se tendrá, además, que añadir la acreditación de la idoneidad de tener que abandonar su puesto de trabajo.

En este punto entendemos que tal exigencia no resulta razonable, y ello, principalmente, por dos motivos, el primero, por la dificultad intrínseca de probar la idoneidad de la decisión del cambio de lugar de trabajo y, el segundo, porque si se exige este tipo de prueba, es de suponer que, entonces, puede contestarse empresarialmente la idoneidad de la medida, entrando en un debate poco conciliable con el ejercicio del derecho que la norma quiere configurar para la protección de la trabajadora[108].

Igualmente, merece nuestra atención la referencia que recoge el art. 40.4 ET al tipo de vacante que puede propiciar el cambio de centro de trabajo de la trabajadora víctima de violencia de género. Recordemos que la norma establece que «la trabajadora víctima de violencia de género tiene derecho preferente a ocupar otro puesto de trabajo, del mismo grupo profesional o categoría equivalente, que la empresa tenga vacante». Por tanto, el cambio de centro de trabajo no tiene necesariamente que producirse cuando la vacante a cubrir sea del mismo puesto de trabajo, ni estar dentro de la misma categoría que el de origen, sino que se amplía el margen de cobertura al grupo profesional o categoría equivalente, lo que significa la admisión de una concurrencia de una movilidad geográfica con una movilidad funcional, si bien, también esta última podrá ser calificada de atípica[109], ya que la movilidad funcional horizontal, que es el supuesto al que puede responder el caso regulado en el art. 40.4 ET, no se ajusta al régimen jurídico de la movilidad funcional previsto ni en el art. 39 ET, ni en el art. 41 ET, en donde sólo se prevén cambios de funciones por motivos empre-

---

105. Vid. ARIAS DOMÍNGUEZ, Ángel: *Protección laboral...*, cit. p. 103.
106. Vid. SEMPERE NAVARRO, Antonio V.: «Aspectos sociolaborales...», cit. p. 133.
107. Vid. ARIAS DOMÍNGUEZ, Ángel: *Protección laboral...*, cit. p. 103.
108. Ibid., p. 101.
109. Vid. MENÉNDEZ SEBASTIÁN, Paz y VELASCO PORTERO, Teresa: *Incidencia de la violencia de género...*, cit. p. 84.

sariales, concretamente en el caso del art. 39 ET por razones «técnicas u organizativas» y, en el caso del art. 41 ET, por razones «económicas, técnicas, organizativas o de producción».

Por otra parte, de producirse esta doble movilidad, otro aspecto muy importante que queda sin concretar es la retribución que vaya a percibir la trabajadora durante el tiempo de ejercicio de este derecho, ya que si se produce un cambio de funciones, aunque sea dentro del mismo grupo profesional o categoría equivalente, ello no garantiza que la retribución sea la misma, pudiéndose producir cambios al alza o a la baja. En este caso, dado que no es posible, a nuestro parecer, realizar una aplicación analógica de la regulación de los derechos económicos previstos en el art. 39 ET, al tratarse de supuestos totalmente diferentes, entendemos que las diferencias retributivas que se puedan producir en estos casos deberán asumirse por la propia trabajadora[110], por lo que esta es una cuestión que cabe negociar por vía de convenio, acuerdo colectivo o individual en el momento en que se vaya a hacer efectivo este derecho.

Otras cuestiones que también se plantean a la luz de la regulación prevista en el art. 40.4 ET y que, a nuestro parecer, resultan de interés valorarlas son, por un lado, si el derecho al cambio de centro de trabajo previsto en este precepto se puede ejercitar en aquellos casos en los que exista una vacante en otro centro aunque no sea del mismo grupo profesional o categoría equivalente, tal y como se prevé por dicho precepto y, por otro lado, sobre quién debe asumir los costes económicos que se pueden producir como consecuencia de un cambio de domicilio de la trabajadora víctima de violencia de género, ya que como bien se indica en el art. 40 ET, en los supuestos de traslado y desplazamiento por motivos empresariales es la propia empresa quien asume los gastos derivados de dichos cambios de lugar de trabajo.

En cuanto a la posibilidad de exigir el ejercicio de este derecho cuando las vacantes no correspondan a puestos de trabajo del mismo grupo profesional o categoría profesional equivalente, compartimos la opinión doctrinal que apuesta por una interpretación restrictiva del derecho[111], dada la concreción que se realiza por la norma en este caso y las implicaciones organizativas que tiene para la empresa el ejercicio de este derecho. No estamos diciendo que no sea posible realizar el cambio de centro de trabajo aun cuando la vacante existente suponga una movilidad funcional vertical para la trabajadora, que a nuestro parecer será posible si así se prevé por medio de la negociación colectiva o pacto individual, lo que apuntamos es que la obligación legal que se impone a la empresa se circunscribe únicamente al marco de mismo grupo profesional o categoría profesional equivalente.

---

110. Vid. ARIAS DOMÍNGUEZ, Ángel: *Protección laboral...*, cit. p. 107; GALA DURÁN, Carolina: «Violencia de género...», cit., p. 42 y SEBASTIÁN, Paz y VELASCO PORTERO, Teresa: *Incidencia de la violencia de género...*, cit. p. 96.

111. Vid. GARCÍA TESTAL, Elena: *Derechos de las trabajadoras...*, cit. p. 48.

Por lo que se refiere a los derechos económicos que se acompañan a los supuestos tipo de movilidad geográfica, también en este caso optamos por una interpretación restrictiva, que viene ligada al hecho de que los casos en que la normativa prevé compensaciones económicas para el personal afectado por un supuesto de movilidad geográfica son supuestos que se circunscriben únicamente a los que se producen a iniciativa de la propia empresa y por motivos ligados a la misma[112]. En el propio art. 40 ET se prevén otros supuestos, como es el caso del reagrupamiento familiar, en el que no se establece la asunción de los gastos derivados del traslado de la persona trabajadora y, si bien, el caso que nos ocupa no puede identificarse con el reagrupamiento familiar, entendemos que no resulta adecuado que la asunción de los costes económicos de la medida corresponda a la empresa.

Esta solución, no obstante, resulta ciertamente insatisfactoria, ya que la situación de necesidad de la trabajadora puede verse agravada con la asunción de los gastos derivados del cambio de centro de trabajo e, incluso, con la aceptación de un puesto de trabajo que le suponga una disminución de su retribución, por ello, creemos conveniente apostar por la cobertura de tales gastos por medio de ayudas públicas, teniendo en cuenta que si la trabajadora, en lugar de seguir trabajando, optase por la suspensión del contrato, se le abriría la puerta a la prestación y el subsidio por desempleo[113].

Otra cuestión que queda sin determinar es el grado de preferencia que tendrá la víctima de violencia de género respecto a otros colectivos a los que se pueda reconocer ese mismo derecho. Sin ir más lejos, el propio art. 40.4 ET regula conjuntamente este derecho de preferencia para víctimas de violencia de género, víctimas de violencia sexual y víctimas del terrorismo y el art. 40.5 ET reconoce este mismo derecho a las personas con discapacidad. A estos colectivos, cabe añadir la posibilidad de que por vía de negociación colectiva se incluyan otros diferentes, por lo que, de producirse la concurrencia de solicitudes, cabe plantearse quién tendrá prioridad en el derecho preferente que se les reconoce.

También cabe apuntar que, a nuestro parecer, el modo en que el precepto identifica los supuestos de cambio de lugar de trabajo puede dar lugar a alguna confusión conceptual, ya que en el mismo se vincula el supuesto de traslado a un cambio temporal de lugar de trabajo de como máximo doce meses, cuando en realidad el supuesto de traslado, según se desprende del art. 40.6 ET, incluye sólo aquellos cambios de lugar de trabajo de carácter permanente, de larga duración o que cómo mínimo impliquen desplazamientos cuya duración en un período de tres años exceda de doce meses. En este sentido, nos parece más

---

112. En un mismo sentido vid., entre otros estudios, ARIAS DOMÍNGUEZ, Ángel: *Protección laboral...*, cit. p. 108; FERNÁNDEZ LÓPEZ, María Fernanda: *La dimensión laboral de la violencia de género*. Bomarzo. Albacete, 2005, p. 56.; GALA DURÁN, Carolina: «Violencia de género...», cit. p. 490; GARCÍA NINET, José Ignacio: «Medidas laborales...», cit. pp. 7 y 8 y SEMPERE NAVARRO, Antonio V.: «Aspectos sociolaborales...», cit. p. 129.

113. Vid. MENÉNDEZ SEBASTIÁN, Paz y VELASCO PORTERO, Teresa: *Incidencia de la violencia de género...*, cit., pp. 96 y 97.

oportuno, caso de mantener la regulación de este supuesto en el art. 40 ET, que la norma se refiera, sin más, al cambio de centro de trabajo o de lugar de trabajo, sin categorizar dicho cambio, a fin de no generar confusiones con otros supuestos regulados en el mismo precepto.

De igual forma consideramos que sería conveniente modular los efectos vinculados a la opción de permanencia que puede realizar la trabajadora en el nuevo centro de trabajo.

A este respecto, cabe recordar que el art. 40.4 ET establece que en el plazo máximo de 12 meses desde que se produce el cambio de centro de trabajo de la trabajadora víctima de violencia de género, ésta deberá comunicar a la empresa si decide permanecer o no en el nuevo centro de trabajo y en caso de decidir su permanencia en el nuevo centro de trabajo, la reserva del puesto de trabajo que se mantenía en su antiguo centro de trabajo decaerá, por lo que si con posterioridad la trabajadora quiere volver a su antiguo puesto de trabajo deberá seguir el procedimiento ordinario que se haya previsto en la empresa para la cobertura de puestos de trabajo vacantes. Pues bien, a nuestro parecer, teniendo en cuenta las especiales circunstancias que concurren en la trabajadora víctima de violencia de género y que le llevan a tomar la decisión de cambiar de centro de trabajo, debería preverse algún mecanismo legal especial como, por ejemplo, el establecimiento de un criterio de preferencia en cobertura de vacantes que permitiera a la trabajadora poder recuperar, si así lo desea, su antiguo puesto de trabajo. A nuestro parecer, una previsión de estas características también sería una medida que podría resultar beneficiosa para el proceso de recuperación de la trabajadora no sólo a nivel laboral, sino también a nivel emocional, ya que el cambio de localidad puede suponer la pérdida de vínculos de amistad y familiares importantes para la trabajadora víctima de violencia de género.

No podemos finalizar el análisis de este precepto sin hacer mención a la novedad introducida por la Disposición final novena de la LO 2/2024 (Ley de paridad), en virtud de la cual la norma articula una triple opción para la trabajadora víctima de violencia de género, una vez finalizado el plazo provisional de cambio de centro de trabajo, de manera que junto a la posibilidad que ya se preveía en la redacción originaria de la norma de optar por continuar en el nuevo centro de trabajo o reincorporarse al antiguo centro de trabajo, se ha añadido la posibilidad de extinguir el contrato de trabajo, percibiendo una indemnización de veinte días de salario por año de servicio, prorrateándose por meses los periodos de tiempo inferiores a un año y con un máximo de doce mensualidades. Es decir, que cuando la trabajadora víctima de violencia de género no pueda o no quiera volver a su anterior puesto ni continuar en el nuevo en aras a su protección o asistencia integral, la norma le reconoce el derecho a la extinción indemnizada de su contrato de trabajo.

Sin duda la previsión de esta triple opción supone una importante mejora para la víctima de violencia de género con respecto a la regulación inicialmente prevista por la ley, ya que ello supone en un primer momento optar, cuando sus circunstancias personales y las circunstancias objetivas de la empresa lo permitan, por la movilidad y, posteriormente, si no es posible el mantenimiento en el nuevo centro, ni el retorno al antiguo, proceder a la extinción del contrato con indemnización y a la percepción, en su caso, de la prestación por desempleo.

Ahora bien, esta novedad resulta un tanto «desconcertante», ya que no se alcanza a comprender porqué esta extinción indemnizada sólo se prevé para el supuesto de movilidad geográfica y no se acompaña en el resto de medidas laborales previstas para la trabajadora víctima de violencia de género. En este sentido, si la previsión de una indemnización se justifica en la adopción de nuevos mecanismos económicos dirigidos a asegurar la protección de la víctima de violencia de género, no resulta razonable que la previsión se limite al caso de la movilidad geográfica y, compartimos con la doctrina la opinión de que dicha regulación supone un agravio comparativo entre víctimas en función del tamaño de la empresa en la que trabajen y la posibilidad de traslado o cambio a otro centro, ya que de no existir esa posibilidad de movilidad —lo que sucederá con bastante frecuencia si tenemos en cuenta que el tejido empresarial en España está conformado por pequeñas empresas y microempresas—, tampoco se podrá optar a la extinción indemnizada[114].

Por otra parte, no deja de resultar chocante que justamente esta extinción indemnizada se plantee en un supuesto en el que la empresa muestra su máxima predisposición a garantizar el mantenimiento del vínculo laboral de la trabajadora víctima de violencia de género, haciendo efectivo el derecho de movilidad reconocido en el art. 40.4 ET. A tal efecto, cabe recordar que para que la trabajadora pueda materializar la posibilidad de la extinción indemnizada la empresa ha tenido que facilitar, por un lado, la información de la existencia de vacantes en otros centros de trabajo del mismo grupo profesional o categoría profesional equivalente y, por otro lado, una vez que la trabajadora ha optado por el cambio de centro de trabajo, gestionar dicha movilidad.

Sobre esta cuestión el Consejo Económico y Social, en su momento, también manifestó sus reticencias al indicar que no parece «razonable», trasladar la responsabilidad de esta nueva figura indemnizatoria a las empresas, y resulta «incoherente» su configuración en el esquema vigente de regulación de la extinción del contrato de trabajo, puesto que vendría a establecer un nuevo deber de indemnizar, derivado de una solicitud voluntaria de traslado de la trabajadora a la que renuncia posteriormente. Y, por tal motivo, considera conveniente aclarar la naturaleza de esta nueva compensación económica y sus fuentes de financiación, sin perjuicio de la responsabilidad de los poderes públicos de establecer los instrumentos adecuados para la protección económica de las víctimas[115].

---

114. Vid. ÁLVAREZ CUESTA, Henar: «La protección laboral y social de las víctimas de violencias sexuales en la Ley Orgánica 10/2022, de 6 de septiembre, de garantía integral de la libertad sexual», *Temas Laborales*, núm. 166, 2023, p. 21.

115. Vid. Dictamen Núm. 4/2020 del Consejo Económico y Social del Anteproyecto de Ley Orgánica de Garantía Integral de la Libertad Sexual. Sesión ordinaria del pleno de 20 de noviembre de 2020, p. 43. https://www.ces.es/documents/10180/5240021/Dic042020.pdf/eb7e2a80-02e8-286e-63e4-defcaa24eb8e.

Por tanto, atendiendo a todas estas consideraciones y, tal y como señala la doctrina, parecería más razonable acudir a una extinción indemnizada en caso de denegación de la posibilidad de adaptación, reducción de jornada o teletrabajo, en lugar de acudir a un proceso (otro más) para resolver las discrepancias, en tanto cabe encontrar una vinculación entre la extinción y la actuación empresarial[116].

En otro orden de cosas, también nos parece interesante recordar que esta nueva extinción indemnizada, al igual que la variación de los plazos de duración del traslado a un nuevo centro de trabajo (de entre 6 y 12 meses), son modificaciones del art. 40.4 ET que ya se recogían en la Disposición adicional decimocuarta de la LO 10/2022. No obstante, la Disposición final decimocuarta de la Ley 4/2023, de 28 de febrero, para la igualdad real y efectiva de las personas trans y para la garantía de los derechos de las personas LGTBI (en adelante Ley 4/2023)[117], al modificar el texto del Estatuto de los Trabajadores, para introducir la cláusula de no discriminación por razón de orientación sexual, identidad sexual y características sexuales, eliminó también la nueva redacción del art. 40.4 ET introducida por la LO 10/2022, reduciendo, de esa forma, la duración del cambio de centro de trabajo a 6 meses (como en la redacción original de la LOVG) y eliminando la criticada indemnización en caso de decisión de la víctima de violencia de género de extinguir el contrato en ese caso y no retornar al antiguo puesto ni continuar en el nuevo.

Esta vuelta a la regulación inicial que se produce a raíz de la aprobación de la Ley 4/2023, podía llevar a pensar en un replanteamiento de las reformas operadas en el art. 40.4 por la LO 10/2022 (Ley de libertad sexual), teniendo en cuenta las reticencias que, como acabamos de señalar, acompañaban a la nueva opción de extinción indemnizada prevista para los casos de movilidad de la trabajadora víctima de violencia de género. Sin embargo, la reintroducción de las previsiones «eliminadas» con motivo de la LO 2/2024 (Ley de paridad) permiten concluir, con total seguridad, que no era eso lo que se pretendía, sino que en realidad las previsiones eliminadas fueron fruto de una confusión durante el proceso de tramitación de ambas leyes (LO 10/2022 y Ley 4/2023), las cuales, al elaborarse casi de forma paralela por dos comisiones diferentes, cada una de ellas llevó su propio ritmo de trabajo sin coordinarse entre sí[118]. En todo caso, cabe indicar que esta circunstancia no resultó inocua desde un punto de vista aplicativo, ya que al haberse producido primero la reforma de algunos preceptos estatutarios por medio de una ley, que además era orgánica y, luego, haberse eliminado, por medio de otra ley posterior, en este caso ordinaria, ello dio lugar a que se generasen incertidumbres sobre la vigencia o no de las reformas realizadas por la primera norma[119].

---

116. Vid. ÁLVAREZ CUESTA, Henar: «La protección laboral y social...», cit. p. 22.

117. BOE de 1 de marzo de 2023.

118. Vid. GOERLICH PESET, José Mª: «¿Qué ha pasado con los derechos laborales de las víctimas de violencia sexual?», *El Foro de Labos*, 7 de marzo de 2023, p. 3. https://www.elforodelabos.es.

119. Sobre esta cuestión vid., entre otros estudios, ÁLVAREZ CUESTA, Henar: «Ley 4/2023, de 28 de febrero, para la igualdad real y efectiva de las personas trans y para la garantía de los derechos de

Para finalizar el análisis de este precepto, cabe apuntar también que, a diferencia de las medidas de adaptación del tiempo de trabajo previstas para la trabajadora víctima de violencia de género, el art. 40.4 ET no hace ninguna mención al procedimiento judicial a seguir para la resolución de los conflictos que se puedan derivar del ejercicio de este derecho. A tal efecto, y dado que nos encontramos ante una medida que se enmarca en la regulación de la movilidad geográfica, parece razonable pensar que deberá acudirse a la modalidad procesal especial prevista para estos casos y que viene regulada en el art. 138 LRJS, un procedimiento que, al igual que el previsto en el art. 139 LRJS para los supuestos de la adaptación del tiempo de trabajo, es de carácter urgente y de tramitación preferente. En todo caso, a fin de dotar de la mayor seguridad jurídica al procedimiento de adopción de la medida de cambio de centro de trabajo en supuestos de violencia de género, resultaría conveniente que la norma hiciera expresa mención a dicho procedimiento judicial.

A partir de todo lo expuesto en este apartado, se puede concluir que el derecho regulado en el art. 40.4 ET, siendo un mecanismo que puede ser ciertamente eficaz en la protección de la trabajadora víctima de violencia de género, cuenta con algunos vacíos normativos que, a nuestro parecer, necesitan ser cubiertos, así como también es posible identificar algunas cuestiones que, aun estando reguladas por la norma, merecen tener una mayor concreción. Por ello, consideramos que, en este supuesto, junto a la acción legislativa que se pueda llevar a cabo para la clarificación de algunos aspectos relativos a la aplicación del precepto, la negociación colectiva puede jugar un papel sumamente importante, tanto completando la regulación contenida en el art. 40.4 ET, como mejorándola.

5. EL SUPUESTO ESPECIAL DE SUSPENSIÓN DEL CONTRATO DE TRABAJO

Junto a las medidas de adaptación del puesto de trabajo y como un recurso alternativo a las mismas, el art. 21 LOVG prevé diversos mecanismos dirigidos a facilitar la vigencia del vínculo contractual que mantiene la trabajadora víctima de violencia de género con la empresa.

Una primera medida prevista por la LOVG consiste en la posibilidad que tiene la trabajadora de cesar temporalmente en la prestación de sus servicios en la empresa, con derecho a la reserva de su puesto de trabajo, mediante un supuesto especial de suspensión del contrato de trabajo, el cual se encuentra incorporado en la enumeración de supuestos de suspensión que contiene el art. 45.1 ET,

---

las personas LGTBI», *Briefs AEDTSS*, núm. 18, 2023, p. 6; FERNÁNDEZ ORRICO, Fco. Javier: «Un estudio comparativo acerca de la protección jurídico laboral entre las víctimas de violencia de género y de violencias sexuales», *Revista Española de Derecho del Trabajo*, núm. 269, 2023, pp. 97 y 137 y GOERLICH PESET, José Mª: «¿Qué ha pasado con los derechos laborales…», cit. pp. 3 y 4.

concretamente en su apartado n), y que cuenta con una regulación propia en el art. 48.8 ET. A este respecto, se prevé, para aquellos casos en los que la trabajadora se vea obligada a abandonar su puesto de trabajo como consecuencia de ser víctima de violencia de género, una suspensión inicial que no podrá exceder de seis meses, salvo que de las actuaciones de tutela judicial resultase que la efectividad del derecho de protección de la víctima requiriese la continuidad de la suspensión, en cuyo caso, el juez o la jueza podrá prorrogar la suspensión por periodos de tres meses, con un máximo de dieciocho meses.

Como en el resto de medidas estudiadas hasta el momento, la iniciativa en el ejercicio del derecho corresponde a la trabajadora, si bien, a diferencia de los derechos anteriores, la participación de la autoridad judicial resulta requisito «sine qua non» para poder hacer efectivas las prórrogas del período de suspensión y prolongar su duración más allá del período máximo inicial fijado por la ley en 6 meses, ya que tal y como indica el art. 48.8 ET la suspensión del contrato finalizará pasados los 6 meses « (…) salvo que de las actuaciones de tutela judicial resultase que la efectividad del derecho de protección de la víctima requiriese la continuidad de la suspensión. En este caso, el juez podrá prorrogar la suspensión por períodos de tres meses, con un máximo de dieciocho meses».

Cabe plantearse, en este punto, cuál es la autoridad judicial que tiene la competencia para decidir las prórrogas de la suspensión, ya que nos encontramos con una medida laboral que se aplica, al fin y al cabo, a una trabajadora, por lo que cabría considerar que la actuación proviniera de la jurisdicción social. Sin embargo, no es este el criterio seguido de forma unánime por la doctrina laboralista, ya que un sector doctrinal se decanta por una opción mixta o intermedia haciendo partícipes tanto al juzgado especializado en violencia de género como al juzgado de lo social, al considerar que el primero puede hacer un seguimiento del caso de la víctima y las medidas de protección y el segundo puede hacerlo por su especialización en materia sociolaboral[120]. Otro sector doctrinal, por el contrario, entiende que en aras a la defensa del principio de unidad jurisdiccional, buscando la concentración de todas las actuaciones tendentes a la protección de la víctima y para favorecer la eficacia de la protección, la competencia debe recaer sobre el o la titular del juzgado de violencia sobre la mujer, ya que se entiende que es quien verdaderamente conoce la situación de la trabajadora y el grado de efectividad que están teniendo las medidas de protección, de manera que la jurisdicción social sólo entrará a actuar cuando deba resolverse sobre la dinámica interna de la suspensión y sus consecuencias sobre la relación laboral[121].

---

120. Esta es la posición que mantienen MARTÍN VALVERDE, Antonio: «La Ley de Protección Integral contra la Violencia de «Género»: análisis jurídico e ideológico», *Relaciones Laborales*, Vol. II, 2006, p. 548 y MONEREO PÉREZ, José Luis y TRIGUERO MARTÍNEZ, Luis Ángel: *La víctima de violencia...*, cit. p. 130.

121. Vid. ARIAS DOMÍNGUEZ, Ángel: *Protección laboral...*, cit. p. 117; FERNÁNDEZ LÓPEZ, María Fernanda: *La dimensión laboral...*, cit. p. 41; MATEU CARUANA, María Josefina: *Medidas laborales...*, cit. p. 112; MOLINA NAVARRETE, Cristóbal: «Las dimensiones socio-laborales de la «lucha»

Atendiendo a las dudas interpretativas que plantea esta cuestión y que se ponen claramente de manifiesto en el posicionamiento que mantiene la doctrina, nos parece conveniente que se concrete legalmente la jurisdicción competente a tal efecto, dada la trascendencia que la decisión tiene para la protección de la trabajadora víctima de violencia de género.

También se observa, al igual que sucedía en el caso del cambio de centro de trabajo, que se fija un período máximo de duración de la medida suspensiva, si bien, los términos utilizados en este caso plantean la duda de si la duración total de la suspensión son dieciocho meses o esta referencia temporal sólo se refiere a la duración máxima de las prórrogas, de manera que la duración total del supuesto de suspensión sería de veinticuatro meses. Convenimos con la doctrina en decantarnos por la segunda opción[122], lo cual se justifica, a nuestro parecer, por un lado, en la interpretación extensiva que en general se realiza de estas medidas para garantizar el bien jurídico protegido y, por otro lado, por ser este tiempo coincidente con la duración máxima que tiene la prestación de desempleo, prestación a la que podrá tener derecho la trabajadora víctima de violencia de género mientras se prolongue esta situación de suspensión.

En cuanto al régimen jurídico aplicable a este tipo de suspensión, en lo no previsto expresamente en el art. 48.8 ET, deberá estarse al régimen general de la suspensión del contrato de trabajo. Ello implica, entre otras cuestiones, que el tiempo que la trabajadora mantiene en suspenso su contrato dejará de percibir la correspondiente retribución, de tal manera que se constata que una vez más la aplicación de una medida laboral dirigida a la protección de la trabajadora de violencia de género puede repercutir indirectamente de forma muy negativa en ella, haciéndose necesario acompañar la medida suspensiva con otras de carácter complementario que permitan amortiguar tales efectos negativos y contribuyan a la efectividad de la protección de la trabajadora.

A este respecto, cabe señalar que a la hora de abordar esta cuestión se ha sido consciente de los graves inconvenientes que se derivan de la suspensión del contrato de trabajo en estos casos y, por ello, se ha establecido, por un lado, que el período de tiempo que dure la suspensión sea considerado como período de cotización efectiva a efectos de las prestaciones de Seguridad Social; y, por otro lado, que esta suspensión sea generadora del derecho de la trabajadora a la situación de desempleo.

---

contra la «violencia de género». A propósito de la LO 1/2004, de 28 de diciembre, de medidas de protección integral contra la violencia de género», *Revista de Trabajo y Seguridad Social, CEF*, núm. 264, 2005, p. 37 y SEMPERE NAVARRO, Antonio V.: «Aspectos sociolaborales...», cit. p. 139.

122. Vid. entre otros estudios, DE CASTRO MEJUTO, Luis Fernando: «La protección de la víctima de violencia de género (III): suspensión del contrato» en MELLA MÉNDEZ, Lourdes (Dir.): *Violencia de Género y Derecho del Trabajo*, La Ley, Madrid, 2012, p. 403; GARCÍA TESTAL, Elena: *Derechos de las trabajadoras...*, cit. p. 53 y MELLA MÉNDEZ, Lourdes: «La suspensión por violencia de género del contrato de la trabajadora por cuenta ajena: algunos puntos críticos» en BORRAJO DACRUZ, Efrén (Dir.): *Mujer, trabajo y Seguridad Social*, La Ley, Madrid, 2010, pág. 434.

En relación con la primera medida mencionada, cabe indicar que la finalidad de la previsión incorporada en su momento en el apartado 5 del art. 124 LGSS y recogida actualmente en el art. 165.5 TRLGSS, no es otra que la de evitar que en aquellos supuestos en que una trabajadora víctima de violencia de género ejerza su derecho a la suspensión del contrato por dicha condición vea perjudicada su carrera de cotización y, por tanto, su futuro acceso a las prestaciones de seguridad social[123]. Para evitar este efecto no deseado se prevé que, a diferencia de la regla general que rige en los supuestos de suspensión del contrato de trabajo, el período de tiempo en que el contrato de trabajo se encuentre suspendido por decisión de la trabajadora víctima de violencia de género se considere como cotizado a efectos de determinadas prestaciones de la seguridad social, concretamente para las prestaciones de jubilación, incapacidad permanente, muerte y supervivencia, nacimiento y cuidado de menor, desempleo y cuidado de menores afectados por cáncer u otra enfermedad grave. Junto con esta finalidad principal, también se ha querido evitar gravar a la empresa que cuenta con una o varias trabajadoras víctimas de violencia de género que se han visto obligadas a suspender su contrato de trabajo, puesto que la misma no deberá cotizar durante el período en el que no se desarrolla prestación laboral alguna por parte de la trabajadora víctima de violencia de género[124]. De esta manera se ha evitado cargar a la empresa con la obligación de cotizar, lo que hubiera podido contribuir a inhibir la contratación de mujeres, únicas posibles titulares del derecho a suspender el contrato de trabajo como consecuencia de ser víctima de violencia de género[125].

De conformidad con lo expuesto hasta el momento, la consideración como periodo de cotización efectiva que contempla actualmente el art. 165.5 TRLGSS se extiende exclusivamente al período de suspensión con reserva del puesto de trabajo contemplado en el art. 48.8 ET, es decir, al supuesto previsto en el art. 45.1.n) ET, a saber, la suspensión del contrato de trabajo por decisión de

---

123. En esta dirección, ARIAS DOMÍNGUEZ, Ángel: *Protección laboral...*, cit. pág. 148, pone de relieve que con esta previsión «se pretende evitar que la suspensión contractual operada por causa de ser la mujer víctima de la violencia de género perjudique su carrera de aseguramiento, estableciendo una presunción a favor de que no ha existido interrupción de la actividad laboral por dicha suspensión, permitiéndose computar unas cotizaciones inexistentes, con el objetivo de consolidar la referida carrera de seguridad social, evitando, en definitiva, que el período suspensivo perjudique su protección social en el futuro».

124. Vid. MONEREO PÉREZ, José Luis y TRIGUERO MARTÍNEZ, Luis Ángel: *La víctima de violencia...* cit. pág. 147

125. Vid. MENÉNDEZ SEBASTIÁN, Paz y VELASCO PORTERO, Teresa: *La incidencia de la violencia...* cit. pág. 134; MORENO GENÉ, Josep: «Medidas de tutela de las trabajadoras víctimas de violencia de género desde la perspectiva de la protección social» en RODRÍGUEZ ORGAZ, Cristina y ROMERO BURILLO, Ana Mª (Coords.): *La protección de la víctima de violencia de género. Un estudio multidisciplinar tras diez años de la aprobación de la Ley Orgánica 1/2004*, Thomson Reuters Aranzadi, Cizur Menor (Navarra), 2016, p. 261 y VILA TIERNO, Francisco: «Medidas de mantenimiento de empleo para las trabajadoras víctimas de violencia de género» en QUESADA SEGURA, Rosa (Dir.) y QUESADA PERÁN, Salvador (Coord.): *La perspectiva laboral de la protección integral de las mujeres víctimas de violencia de género*, Comares, Granada, 2009, p. 266.

la trabajadora que se vea obligada a abandonar su puesto de trabajo como consecuencia de ser víctima de violencia de género. No alcanza, por el contrario, a «otros casos de suspensión que pueden venir provocados no sólo por la situación de violencia de género, sino también por las consecuencias de sus episodios: situaciones de incapacidad temporal o permanente resultado de las posibles lesiones producidas»[126].

La referida consideración del período de suspensión como período de cotización efectiva prevista en el art. 165.5 TRLGSS se extenderá durante todo el tiempo que dure la suspensión del contrato de trabajo por decisión de la trabajadora víctima de violencia de género. A tal efecto, el art. 48.8 ET establece que «el período de suspensión tendrá una duración inicial que no podrá exceder de seis meses, salvo que de las actuaciones de tutela judicial resultase que la efectividad del derecho de protección de la víctima requiriese la continuidad de la suspensión. En este caso, el juez o la jueza podrá prorrogar la suspensión por períodos de tres meses, con un máximo de dieciocho meses». En consecuencia, la medida contemplada en el art. 165.5 TRLGSS tendrá únicamente la duración que tenga la suspensión del contrato motivada por la violencia de género, pudiendo tener una duración inferior, pero no superior a la duración máxima de dieciocho meses.

En este sentido, cabe recordar que, a los efectos de este precepto, la prórroga de la duración inicial de seis meses de la suspensión del contrato requiere de autorización judicial, de modo que, si no se autoriza judicialmente la prórroga, aunque empresa y trabajadora, ya sea por acuerdo o por venir así previsto en convenio colectivo, acuerden establecer un período de suspensión adicional, no podrá aplicarse el beneficio de seguridad social previsto en esta norma[127]. Por ello, estos períodos pueden devenir períodos en blanco a efectos de cotización y constituir lagunas potencialmente importantes en relación con la protección futura de las víctimas de violencia de género. Igualmente, en el caso que la suspensión del contrato se extienda más allá de la duración máxima prevista en el art. 48.8 ET por acuerdo de la empresa y la trabajadora, la misma no se podría considerar incluida como período cotizado[128].

---

126. Vid. MONEREO PÉREZ, José Luis y TRIGUERO MARTÍNEZ, Luis Ángel: *La víctima de violencia...* cit. p.147.

127. Vid. FERNÁNDEZ LÓPEZ, María Fernanda: *La dimensión laboral...*, cit. p. 69. Vid. también, ARIAS DOMÍNGUEZ, Ángel: *Protección laboral y de Seguridad Social...*, cit. p. 149 y DE LA FLOR FERNÁNDEZ, Mª Luisa: «Medidas de protección social previstas en la Ley Orgánica 1/2004, de 28 de diciembre, de medidas de protección integral contra la violencia de género» en CERVILLA GARZÓN, Mª José y FUENTES RODRÍGUEZ, Francisca (Dirs.): Mujer, violencia y derecho, Universidad de Cádiz, Cádiz, 2018, p. 176; MENÉNDEZ SEBASTIÁN, Paz y VELASCO PORTERO, Teresa: *La incidencia de la violencia...* cit. p. 139 y MORENO GENÉ, Josep: «Medidas de tutela de las trabajadoras víctimas...», cit. p. 263.

128. Vid. RUANO RODRÍGUEZ, Lucía: «La protección de las víctimas de violencia de género en el ámbito del trabajo y de la seguridad social: aspectos sustantivos y procesales», *Cuadernos de Derecho Judicial*, «Trabajo y Familia en la Jurisdicción Social. Conciliación de la vida familiar y laboral y protección contra la violencia de género», Consejo General del Poder Judicial, Madrid, 2007, p. 452.

Por lo que respecta al alcance material de la consideración como período de cotización efectiva que contempla el art. 165.5 TRLGSS, cabe llamar la atención sobre el hecho de que el mismo únicamente prevé que el período de suspensión del contrato por decisión de la trabajadora víctima de violencia de género tenga la consideración de período de cotización efectiva a los efectos de las siguientes prestaciones de seguridad social: por jubilación, incapacidad permanente, muerte y supervivencia, maternidad, desempleo y cuidado de menores afectados por cáncer u otra enfermedad grave. La limitación de esta vía de protección de las víctimas de violencia de género ha comportado que se haya considerado que con ello se manifiesta de un modo expreso «la tendencia a una protección social frente a contingencias amplia, pero no calificable como integral, como pretende la ley»[129].

Nos encontramos, por tanto, ante un alcance más limitado que el previsto en el art. 21.2 LO 1/2004, según el cual, «(…) el tiempo de suspensión se considerará como período de cotización efectiva a efectos de las prestaciones de Seguridad Social y desempleo», sin efectuar ninguna limitación *a priori* de las prestaciones a las que afecta esta previsión. En consecuencia, el art. 165.5 TRLGSS no comprende otras prestaciones de seguridad social que también pueden tener su relación con la situación de violencia de género, como es el caso, por ejemplo, de la incapacidad temporal, del riesgo durante el embarazo o de la lactancia. En este punto, se ha indicado que no se alcanza a comprender por qué no se incluye en esta regla previsora una prestación como la incapacidad temporal que puede estar muy relacionada con el maltrato que la norma pretende coadyuvar a superar[130]. Asimismo, tampoco se entiende la exclusión del riesgo durante el embarazo cuando la propia norma es consciente de que el ejercicio de actividad profesional puede agravar la situación que padece la víctima, permitiéndose, entonces, suspender el contrato, movilizarse geográficamente, e incluso extinguirlo[131]. En este punto se ha considerado al respecto que «resulta injustificada la discriminación de estas dos prestaciones en un marco que se quiere generalizadamente protector»[132]. En todo caso, desde un punto de vista práctico, se ha constatado que parece complicado un efecto negativo de la exclusión del riesgo durante el embarazo y durante la lactancia, puesto que, al ser consideradas

---

Vid. también, BENITO BENÍTEZ, María Angustias: «La función tuteladora del sistema de seguridad social…», cit. p. 236.

129. Vid. QUINTANILLA NAVARRO, Beatriz: «Violencia de género y derechos sociolaborales: LO 1/2004, de 28 de diciembre, de Medidas de Protección Integral contra la Violencia de Género», *Temas Laborales*, núm. 80, 2005, p. 49. Vid. también, MORENO GENÉ, Josep: «Medidas de tutela de las trabajadoras…», cit. p. 265 y MONEREO PÉREZ, José Luis y TRIGUERO MARTÍNEZ, Luis Ángel: *La víctima de violencia...*, cit. p. 147.

130. Vid. LOUSADA AROCHENA, José Fernando: «Aspectos laborales y de seguridad social de la violencia de género en la relación de pareja», *Revista del Poder Judicial*, núm. 88, 2009, p. 775, GALA DURÁN, Carolina: «Violencia de género…», cit. p. 495 y MATEU CARRUANA, Mª José *Medidas laborales... cit., p. 135.

131. Vid. ARIAS DOMÍNGUEZ, Ángel: *Protección laboral y de Seguridad Social...*, cit. p. 151.

132. Vid. FERNÁNDEZ LÓPEZ, María Fernanda: *La dimensión laboral de la violencia...*, cit. p. 69.

como contingencias profesionales, para poder acceder a las mismas no se exige carencia mínima[133].

En relación con la segunda medida adoptada, la Disposición Adicional octava dos de la LOVG modifica el art. 267.1.b) 2º TRLGSS) incorporando la previsión de que también nos encontramos ante una situación legal de desempleo «(…) cuando se suspenda temporalmente su relación laboral (…) en el supuesto contemplado en la letra n), del apartado 1 del artículo 45 ET». En consecuencia, mediante esta previsión se consigue que la situación de suspensión del contrato por ser la mujer víctima de violencia de género también pueda ser causa legal de desempleo. Una vez más, el hecho de no poder trabajar, al menos en el puesto de trabajo que actualmente está ocupando la trabajadora víctima de violencia de género, es lo que justifica la decisión suspensiva y, en definitiva, que la misma sea considerada como una situación legal de desempleo[134].

Esta ampliación constituye el instrumento necesario e imprescindible para dotar de verdadera eficacia a las medidas previstas en materia de suspensión del contrato de trabajo de las víctimas de violencia de género, puesto que, en caso contrario, la trabajadora afectada no podría realmente acudir a las mismas, al no poder recibir en estos supuestos la correspondiente protección por desempleo y obtener de este modo una cierta autonomía económica respecto del agresor.

Obsérvese, en este punto, que la norma no exige una acreditación individualizada sobre la idoneidad de la suspensión del vínculo laboral como medida de protección, de modo que, una vez acreditada la condición de víctima de violencia de género, la idoneidad de la medida adoptada por la trabajadora se presume[135].

Una vez constatada la nueva situación de desempleo —suspensión del contrato de las trabajadoras víctimas de violencia de género—, el acceso a la prestación por desempleo se hace depender del cumplimiento de los requisitos generales de la prestación por desempleo, a saber, que la trabajadora se encuentre afiliada y en situación de alta o asimilada al alta, que tenga cubierto el período mínimo de cotización de 360 días dentro de los últimos seis años anteriores a la situación legal de desempleo o al momento en que cesó la obligación de cotizar

---

133. Vid. En todo caso, como señala BENITO BENÍTEZ, María Angustias: «La función tuteladora del sistema de seguridad social…», cit. p. 237, la exclusión de estas prestaciones sí implica la voluntad del legislador de que el intervalo temporal de la suspensión del contrato de trabajo no pueda considerarse como situación asimilada al alta a los efectos de acceder a estas prestaciones, tanto si se está disfrutando de la prestación por desempleo como si no ha podido acceder a ella, bajo el razonamiento por el cual si la trabajadora tiene suspendido el contrato no puede originarse la situación de riesgo que protege tales prestaciones.

134. Vid. MENÉNDEZ SEBASTIÁN, Paz y VELASCO PORTERO, Teresa: *La incidencia de la violencia…*, cit. p. 132.

135. Vid. VIGO SERRALVO, Francisco: «La protección de la mujer víctima de violencia de género a través de nuestro sistema de protección social. Algunas reflexiones conceptuales» en AAVV.: *Protección a la Familia y Seguridad Social. Hacia un nuevo modelo de Protección Sociolaboral. II Congreso Internacional y XV Congreso Nacional de la Asociación Española de Salud y Seguridad Social*, Laborum, Murcia, vol. 2, 2018, p. 883.

y que no haya cumplido la edad ordinaria que se exige en cada caso para causar derecho a la pensión contributiva de jubilación, no habiéndose introducido al respecto otras modulaciones de estos requisitos de acceso por la condición de víctimas de violencia de género de las posibles beneficiarias, especialmente, por lo que respecta a la reducción del período de cotización exigido para acceder a la prestación o a la ampliación del arco temporal en el que debe acreditarse dicha cotización, que sin lugar a dudas contribuirían también a favorecer el acceso de este colectivo a la protección por desempleo[136].

Frente a esta regulación un tanto aséptica de la protección por desempleo de las víctimas de violencia de género, se ha entendido que «la especialidad de estas situaciones exigiría unos verdaderos requisitos específicos de acceso a la prestación, menos rigurosos y más flexibles (por ejemplo, la exigencia de menos tiempo de cotización efectiva y/o un período de cálculo más amplio —ocho o diez años anteriores, en lugar de seis—), que permitieran a la víctima de violencia de género conseguir una protección económica adecuada, sin —caso de no poder satisfacerse— acentuar el desamparo de la víctima y la gravedad de tales circunstancias»[137].

Asimismo, la LOVG también alcanza a la duración de la prestación de desempleo cuando son beneficiarias de esta las víctimas de violencia de género. A tal efecto, la Disposición Adicional octava tres de dicha norma procede a modificar el art. 269.2 TRLGSS, introduciendo dos previsiones al respecto. En primer lugar, el apartado primero de dicha norma pasa a establecer que «a efectos de determinación del período de ocupación efectiva cotizada a que se refiere el apartado anterior se tendrán en cuenta todas las cotizaciones que no hayan sido computadas para el reconocimiento de un derecho anterior, tanto de nivel contributivo como asistencial. No obstante, no se considerará como derecho anterior el que se reconozca en virtud de la suspensión de la relación laboral previsto en el art. 45.1.n) ET». En consecuencia, a partir de esta previsión, las cotizaciones que se emplearon previamente para generar el derecho a una prestación por desempleo durante la suspensión del contrato de trabajo por decisión de la víctima de violencia de género podrán ser utilizadas de nuevo para el reconocimiento de un derecho a prestación por desempleo posterior vinculado a una

---

136. A tal efecto, DE LA FLOR FERNÁNDEZ, Mª Luisa: «Medidas de protección social...», cit. p. 180, pone de relieve que parece más que posible que en muchas ocasiones la trabajadora víctima de violencia de género con contrato suspendido o extinguido no reúna el periodo de cotización exigido para acceder a la prestación por desempleo, en cuyo caso de nuevo quedará excluida de la protección contributiva, sin perjuicio de poder acceder a la asistencial de desempleo, si reúne los requisitos para tener acceso al subsidio previsto para los supuestos en que no se acreditan cotizaciones suficientes para acceder al nivel contributivo. Vid. también, BENITO BENÍTEZ, María Angustias: «La función tuteladora del sistema de seguridad social...», cit. p. 243.

137. Vid. VENTURA FRANCH, Asunción (Dir.): *El derecho a la protección social de las víctimas de violencia de género. Estudio sistemático del Título II de la Ley Orgánica 1/2004, de 28 de diciembre, de protección integral contra la violencia de género de acuerdo a la distribución territorial del Estado,* Ministerio de Trabajo y Asuntos Sociales, Madrid, 2005, pp. 102 y 103.

nueva situación de desempleo ya derive de una nueva suspensión o de una extinción contractual[138].

Y, en segundo lugar, tras la LOVG, el art. 269.2 TRLGSS pasa a prever que «no se computarán las cotizaciones correspondientes al tiempo de abono de la prestación que efectúe la entidad gestora o, en su caso, la empresa, excepto cuando la prestación se perciba en virtud de la suspensión de la relación laboral prevista en el artículo 45.1.n) ET, tal como establece el artículo 165.5 TRLGSS». En consecuencia, en relación con las víctimas de violencia de género no rige la regla general de que no computan las cotizaciones efectuadas durante el disfrute de la prestación por desempleo. Por el contrario, en este supuesto, las cotizaciones efectuadas durante el tiempo en que la trabajadora víctima de violencia de género percibe la prestación contributiva por desempleo en los casos de suspensión del contrato de trabajo se tendrán en cuenta para generar un nuevo derecho a prestación por desempleo.

Con la conjunción de ambas medidas se consigue que el acceso de la víctima de violencia de género a la prestación por desempleo durante el tiempo de suspensión del contrato tenga un efecto totalmente inocuo o un coste cero para la trabajadora por lo que respecta al recurso a futuras prestaciones por desempleo[139]. Con ello se pretende, sin ninguna duda, fomentar la utilización de las prestaciones por desempleo por parte de la trabajadora que suspende el contrato en atención a su condición de víctima de violencia de género, al considerarse que esta es la vía idónea para atender la falta de recursos económicos que se produce durante la interrupción de la prestación laboral[140].

La amplitud y contundencia de estas medidas ha llevado a considerar que «aunque el legislador no haya querido establecer una prestación nominalmente diferenciada para proteger la suspensión del contrato decidido por la trabajadora víctima de violencia de género, mediante una sutil técnica legislativa, adicionando las particularidades antes referidas, ha terminado por constituir una tutela diferenciada dentro del Sistema de Seguridad Social para la contingencia de la violencia de género, siempre que ésta lleve aparejada la suspensión del contrato de trabajo»[141].

---

138. Como indica CAVAS MARTÍNEZ, Faustino: «La protección jurídico-laboral de las mujeres víctimas de violencia de género», en SÁNCHEZ TRIGUEROS, Carmen (Dir.): *La presencia femenina en el mundo laboral: metas y realidades*, Thomson-Aranzadi, Cizur Menor (Navarra), 2006, p. 343, con esta medida se atribuye un doble valor a las cotizaciones efectuadas antes de la suspensión del contrato.

139. Vid. GALA DURÁN, Carolina: «Violencia de género…», cit. p. 496. Vid. también, GARCÍA TESTAL, Elena: *Derechos de las trabajadoras…*, cit. p. 99; MORENO GENÉ, Josep: «Medidas de tutela de las trabajadoras…», cit. p. 247 y MONEREO PÉREZ, José Luis y TRIGUERO MARTÍNEZ, Luis Ángel: *La víctima de violencia…*, cit. pp. 144 y 145.

140. Vid. BLASCO RASERO, Cristina: «La ley de protección integral contra la violencia de género. Perspectiva social», *Revista Española de Derecho del Trabajo*, núm. 128, 2005, pp. 506 y 507 y MORENO GENÉ, Josep: «Medidas de tutela de las trabajadoras…», cit. p. 247.

141. Vid. VIGO SERRALVO, Francisco: «La protección de la mujer víctima de violencia…», cit. p. 675.

6. MECANISMOS DE BLINDAJE FRENTE AL DESPIDO DE LA TRABAJADORA VÍCTIMA DE VIOLENCIA DE GÉNERO

Junto a la suspensión del contrato de trabajo, la LOVG incorpora, en el régimen jurídico de la extinción del contrato de trabajo, un conjunto de medidas dirigidas a garantizar el mantenimiento del vínculo laboral que se pone en riesgo como consecuencia de la situación de violencia de género que afecta a la trabajadora.

En relación con este grupo de medidas, las mismas se incorporan, por un lado, en el art. 52.d) ET, relativo a las ausencias no computables a efectos de absentismo laboral y, por otro lado, en el art. 55.5 b) ET, en donde se incluye expresamente la declaración de nulidad del despido de las trabajadoras víctimas de violencia de género.

A estas dos medidas se añadirá, con motivo de la aprobación de la LOI, una previsión expresa en los mismos términos que la prevista para el despido disciplinario en el art. 55.5 b) ET, en la regulación del despido objetivo del art. 53.4 b) ET.

Por lo que se refiere a la regulación sobre absentismo laboral, cabe indicar que se trata de una medida que ya no está prevista en el ET, en tanto que el art. 52 d) ET fue eliminado como causa de extinción del contrato por causas objetivas, por medio del Real Decreto-ley 4/2020, de 18 de febrero[142]. Pese a la derogación de este precepto, en tanto que ha sido un recurso normativo originariamente previsto por la LOVG, nos parece conveniente conocer el recorrido que dicha norma ha tenido en nuestro ordenamiento laboral como medida protectora de la trabajadora víctima de violencia de género.

En este sentido, la norma, a nuestro parecer de forma acertada, incluyó expresamente entre las ausencias que se consideraban justificadas al trabajo y excluidas del cómputo para la extinción del contrato de trabajo por causas objetivas del art. 52 d) ET las ausencias motivadas por la situación física o psicológica derivada de la violencia de género, acreditada por los servicios sociales de atención o servicios de la Salud correspondientes. Ahora bien, el modo en que se formulaba este supuesto llevó a un sector de la doctrina a considerar esta medida protectora como una medida reactiva y no preventiva[143], dado que de los términos con los que se expresaba la norma parecía limitar la medida a aquellos casos en los que se acreditaba la condición de víctima de violencia de género, quedando al margen de la protección todas las ausencias y faltas de puntualidad previas a la denuncia[144].

---

142. BOE de 19 de febrero de 2020.

143. Vid. FERNÁNDEZ LÓPEZ, María Fernanda: *La dimensión laboral...*, cit. pp 61 y 62 y MONEREO PÉREZ, José Luis y TRIGUERO MARTÍNEZ, Luis Ángel: *La víctima de violencia de género...*, cit. p. 134.

144. Vid. ARIAS DOMÍNGUEZ, Ángel: *Protección laboral...*, cit. p. 121, es partidario de realizar una interpretación extensiva del precepto y admitir cualquier tipo de acreditación por parte de la

A este respecto, tal y como acertadamente indicó la doctrina, el modo en que se formulaba la exclusión de las faltas de asistencia al trabajo en este supuesto no tenía en cuenta, por ejemplo, que en los primeros episodios de violencia que sufre la trabajadora es muy probable que ésta decida mantenerlos en secreto, al considerarlos como un incidente pasajero y, por tanto, no acudir a los servicios sociales o de salud, o que algunas ausencias vengan motivadas por el tiempo dedicado a tramitar la denuncia o declarar ante la policía o juzgados[145].

Otra cuestión que quedaba por concretar, también sumamente relevante para la protección de la víctima de violencia de género, era el tratamiento que a efectos retributivos debía darse a tales ausencias. Dado que la norma guardaba silencio al respecto, cabía considerar que se trataban de ausencias que comportaban la correspondiente reducción del salario de la trabajadora[146], lo cual, a nuestro parecer, no resultaba razonable por las circunstancias que rodean a la misma, por lo que hubiera resultado conveniente incorporar las previsiones de este precepto también como permisos retribuidos[147].

En cuanto al supuesto de despido nulo vinculado a la situación de violencia de género que afecta a una trabajadora, los arts. 53.4 b) y 55.5 b) ET incluyen un blindaje a la extinción del contrato de la trabajadora víctima de violencia de género que quiera realizar la empresa por el ejercicio de los derechos reconocidos por su condición de víctima de violencia de género.

A este respecto, cabe indicar que la redacción originaria tanto del art. 53.4 b) ET como del art. 55.5 b) ET se modificó con motivo de la aprobación del RD-ley 6/2019, ya que mientras que en la redacción inicial la nulidad del despido se fundamentaba en el ejercicio por parte de la trabajadora víctima de violencia de género de «los derechos de reducción o reordenación de su tiempo de trabajo, de movilidad geográfica, de cambio de centro de trabajo o de suspensión de la relación laboral en los términos y condiciones reconocidos en esta Ley», la actual redacción indica que el despido será nulo «por el ejercicio de su derecho a la tutela judicial efectiva o de los derechos reconocidos en esta ley para hacer efectiva su protección o su derecho a la asistencia social integral».

El cambio de redacción que se introduce es, a nuestro parecer, sumamente importante, ya que la redacción originaria de este precepto comportaba una limitación en la protección de la trabajadora víctima de violencia de género frente a un despido empresarial, en tanto que la norma daba pie a considerar

---

trabajadora que justifique la falta de asistencia o puntualidad al trabajo por haber sufrido un episodio de violencia de género.

145. Vid. MONEREO PÉREZ, José Luis y TRIGUERO MARTÍNEZ, Luis Ángel: *La víctima de violencia de género...*, cit. p. 134. En un mismo sentido también FERNÁNDEZ LÓPEZ, María Fernanda: *La dimensión laboral...*, cit. pp. 61 y 62.

146. Vid. por todos, GÓMEZ SALADO, Miguel Ángel: «Despido objetivo y faltas de asistencia al trabajo como consecuencia de la violencia de género», *Revista de Trabajo y Seguridad Social. CEF*, núm. 410, 2017, p. 99.

147. En este sentido se manifiestan QUINTANILLA NAVARRO, Beatriz: «Violencia de género...», cit. p. 43; LOUSADA AROCHENA, José Fernando: «Aspectos laborales y de Seguridad Social...», cit. p. 754 y ARIAS DOMÍNGUEZ, Ángel: *Protección laboral...*, cit. p. 121.

que lo que se protegía era a la trabajadora víctima de violencia de género por el ejercicio de los derechos laborales reconocidos por la propia Ley, quedando de esta forma fuera de las previsiones del legislador el despido de la trabajadora víctima de violencia de género por el hecho mismo de serlo, que no hubiera tenido aún necesidad de ejercitar alguno de los derechos reconocidos por la norma[148].

De esta manera, con la redacción actual, se cierra una vía de escape para facilitar decisiones empresariales insolidarias, consistentes en el despido de la trabajadora víctima de violencia de género, antes de que hubiera ejercitado acción alguna en demanda de los derechos que le otorga la Ley[149].

7. LA EXTINCIÓN DEL CONTRATO A INICIATIVA DE LA TRABAJADORA VÍCTIMA DE VIOLENCIA DE GÉNERO

Por último, y siguiendo con las medidas de carácter extintivo previstas por la LOVG, encontramos una previsión que pretende rebajar el impacto que para la trabajadora tiene la pérdida del puesto de trabajo cuando por su condición de víctima de violencia de género se ve obligada a cesar en su trabajo.

La medida en cuestión se encuentra recogida en el art. 49.1 m) ET y se configura, inicialmente, como un supuesto de dimisión de la trabajadora, si bien, en el contexto en el que se produce, no puede calificarse como una extinción voluntaria de la trabajadora, ya que como bien se indica en el propio artículo, la decisión se adopta porque la trabajadora «se ve obligada a abandonar definitivamente su puesto de trabajo como consecuencia de ser víctima de violencia de género», por lo que esta necesidad convierte esta decisión extintiva en un desistimiento cualificado y causal[150].

De los términos con los que se expresa la norma, se puede concluir que la decisión extintiva prevista corresponde únicamente a la trabajadora y de producirse, no requerirá de la participación de la autoridad judicial u otro tipo de

---

148. Vid. un estudio sobre estas cuestiones GÓMEZ GARCÍA, Francisco Xabiere: «¿Despido improcedente de víctima de violencia de género o vulneración de su derecho a la indemnidad?», *Revista Jurídica de la Universidad de León*, núm. 5, 2018; de este mismo autor «Despido con vulneración de derechos fundamentales de víctima de violencia de género», *Revista Jurídica de la Universidad de León*, núm. 9, 2021 y, MEDINA CASTILLO, Enrique: «El régimen extintivo del contrato de la trabajadora víctima de violencia de género. Aspectos procesales» en QUESADA SEGURA, Rosa (Dir.) y QUESADA PERÁN, Salvador (Coord.): *La perspectiva laboral de la protección integral de las mujeres víctimas de violencia de género*, Comares, Granada, 2009, pp. 151 y ss.

149. Vid., en este sentido, ARAMENDI SÁNCHEZ, Pablo: «Los aspectos laborales...», cit. pp. 70. y 71. Este autor entiende que en todo caso y con la regulación originaria prevista en la LOVG, este proceder empresarial debía ser considerado antijurídico por discriminación por razón de sexo y encontraba cobertura en la regulación general del art. 55.5 apartado 1 ET en relación con el art. 17 ET.

150. Vid. MENÉNDEZ SEBASTIÁN, Paz y VELASCO PORTERO, Teresa: *La incidencia de la violencia...*, cit. p. 114. A este respecto FERNÁNDEZ LÓPEZ, María Fernanda: *La dimensión social...*, cit. p. 59, se refiere a esta extinción como una «denuncia extraordinaria del contrato».

organismo público, por lo que parece razonable entender que la extinción se producirá de manera automática una vez realizada la petición de la trabajadora.

A pesar de la automaticidad de la extinción, en tanto que no nos encontramos ante un verdadero supuesto de extinción voluntaria del contrato de trabajo, la norma es consciente que no pueden serle de aplicación los efectos propios de este tipo de extinción y, más concretamente, la imposibilidad de acceder a la prestación por desempleo, al no considerarse los casos de extinción voluntaria del contrato una situación legal de desempleo. En este sentido, acertadamente, la ley equipara parcialmente en sus efectos el supuesto de extinción del art. 49.1 m) ET a los que se derivan del art. 50 ET, en donde se prevé también la extinción voluntaria del contrato de la persona trabajadora pero que viene forzada por incumplimientos graves empresariales, de manera que la pérdida del trabajo motivada por una extinción del contrato a petición de la parte trabajadora, da derecho al reconocimiento de la situación legal de desempleo y, por consiguiente, a la posibilidad de acceder al subsidio de desempleo, acceso que se producirá en los mismos términos que para el supuesto de suspensión del contrato de trabajo al que ya nos hemos referido y analizado en un apartado anterior de este trabajo.

Como se puede constatar, las medidas introducidas en materia de extinción del contrato de trabajo son ciertamente oportunas y por su configuración permiten, en gran medida, alcanzar de forma efectiva la finalidad pretendida. Ahora bien, como sucede en relación con otras medidas analizadas anteriormente, existen aspectos en la regulación de la misma que pueden dar lugar a algunas dudas interpretativas o a efectos que indirectamente provoquen algún perjuicio a la propia trabajadora. En este sentido, se plantea, por ejemplo, si la trabajadora en el caso de la extinción del contrato deberá comunicar la finalización del contrato con un preaviso determinado y, si así se exige, cuáles son los efectos de su incumplimiento, o qué sucede en estos mismos casos cuando la trabajadora ha suscrito un pacto de permanencia. También se apunta por la doctrina la posibilidad de prever el retorno preferente a la empresa de la trabajadora al cesar la incompatibilidad que desencadenó la decisión extintiva, propuesta que no resultaría nueva para el ordenamiento jurídico laboral, ya que así se incluye en el RD 1451/1083, de 11 de mayo, por el que se regula el empleo selectivo y las medidas de fomento del empleo de trabajadores minusválidos[151]. Estas, entre otras cuestiones son, a nuestro parecer, ciertamente relevantes y nos resulta interesante apuntarlas para que en su caso puedan ser tenidas en cuenta en una futura revisión de la norma.

---

151. Vid. en este sentido, MENÉNDEZ SEBASTIÁN, Paz y VELASCO PORTERO, Teresa: *La incidencia de la violencia...*, cit. pág. 117 y MORENO GENÉ, Josep y ROMERO BURILLO, Ana Mª.: *Medidas laborales...*, cit. p. 90.

IV. LA REGULACIÓN DE LAS MEDIDAS LABORALES DE PROTECCIÓN DE LA TRABAJADORA VÍCTIMA DE VIOLENCIA DE GÉNERO EN LA NEGOCIACIÓN COLECTIVA Y BUENAS PRÁCTICAS NEGOCIALES

1. CONSIDERACIONES GENERALES

Tal y como se ha tenido oportunidad de indicar al inicio de este estudio, si queremos tener un conocimiento completo del verdadero alcance que tienen las medidas laborales dirigidas a la protección de la trabajadora víctima de violencia de género vigentes en nuestro ordenamiento jurídico-laboral, no podemos dejar de analizar la proyección que dichas medidas tienen en el ámbito de la negociación colectiva.

En este sentido, es posible afirmar que el tratamiento que reciben las medidas laborales dirigidas a la protección de la víctima de violencia de género en los convenios colectivos, tanto a nivel empresarial, como sectorial, es ciertamente desigual y, aunque con el paso de los años dichas medidas han ido ganando espacio en la negociación colectiva, todavía son muchos los convenios que siguen ajenos a la regulación de esta realidad.

A este respecto, cabe señalar que se trata de una materia que no cuenta con una tradición en la práctica negocial y cuyo desarrollo ha venido de la mano de la intervención legislativa. De hecho, con anterioridad a la LOVG el número de convenios colectivos donde se contemplaban derechos laborales de las víctimas de violencia de género era muy escaso[152] y, en este sentido, la LOVG supone un punto de inflexión para su inclusión en la negociación colectiva. En todo caso, cabe indicar que tras la aprobación de la LOVG la incorporación de este tipo de medidas no se ha producido de forma generalizada en los convenios colectivos.

Si tomamos como referencia los datos que nos ofrece el Registro y Depósito de Convenios Colectivos, Acuerdos Colectivos de Trabajo y Planes de Igualdad del Ministerio de Trabajo y Economía Social (en adelante REGCON), desde la aprobación de la LOVG hasta el momento de cierre de este trabajo (31 de diciembre de 2024), de un total de 15968 nuevos convenios colectivos de ámbito empresarial y sectorial registrados y publicados en España, en 4554 de ellos se incorpora alguna referencia a la protección laboral de las víctimas de violencia de género, lo que supone un 28,50% del total de convenios colectivos. Si analizamos estos datos según el ámbito de negociación, en el ámbito empresarial, de los 11806 convenios publicados y registrados, en 3059 de ellos es posible identificar alguna cláusula destinada a regular esta materia, lo que significa el 25,91% del total de convenios de empresa y, a nivel sectorial, de los 4162 convenios colectivos publicados y registrados, 1493 prevén alguna cláusula destinada a las trabajadoras víctimas de violencia de género, lo que supone el 35,87%.

A la hora de valorar los datos anteriores hay que tener en cuenta que se tratan de números que representan una media correspondiente a los últimos veinte años y, por consiguiente, estas cifras no son uniformes y oscilan en función de los años, atendiendo, entre otros factores, al momento temporal, la coyuntura económica, social y política existente en cada momento. A tal efecto, por ejemplo, parece lógico pensar que la protección laboral de la víctima de violencia de género haya ido ganando protagonismo en la negociación colectiva con el paso del tiempo, a medida que se ha ido consolidando la regulación legal existente sobre la materia. Tampoco podemos olvidar el gran impacto que para las relaciones de trabajo tienen los momentos de crisis económicas y que se reflejan claramente tanto a la hora de negociar mejoras en las condiciones de trabajo en los convenios colectivos, como también en el ámbito legislativo, donde las políticas sociales entre las que cabe incluir la protección de la víctima de violencia de género—, suelen pasar a un segundo plano. De igual forma, resulta evidente que la pandemia de la COVID-19 incidió poderosamente en los procesos negociadores de convenios, suponiendo la práctica paralización de la negociación de nuevos convenios colectivos.

---

152. Así, por ejemplo, el CC Convenio Colectivo Casino Bahía de Cádiz. (BOP de 31 de julio de 2004) preveía la posibilidad de negociar con la empresa permisos retribuidos de una o dos semanas, o de los días de asistencia a diligencias judiciales; o el II CC de empresas concesionarias de cables de fibra óptica (BOE de 23 de septiembre de 2004), contemplaba un permiso retribuido para la asistencia a tratamientos médicos y comparecencias judiciales. Vid. LOUSADA AROCHENA, José Fernando: «La protección de las víctimas de violencia de género en la negociación colectiva» en LOUSADA AROCHENA, José Fernando (Coord.): *El principio de igualdad en la negociación colectiva*, Ministerio de Trabajo e Inmigración, Madrid, 2008, p. 428.

No obstante, y atendiendo a los diversos estudios que a lo largo de los años se han ido realizando sobre esta materia[153], se puede constatar que el porcentaje de convenios colectivos que contienen alguna referencia a la protección de la trabajadora víctima de violencia de género se ha estabilizado, en torno al 25%, lo que significa que al menos 1 de cada 4 convenios que se firman en España contienen previsiones sobre esta materia. En este sentido, y únicamente a título de ejemplo, en el año 2014, es decir, un momento en el que España se encontraba iniciando la recuperación de la terrible crisis económica del 2008, el porcentaje de convenios con cláusulas sobre protección de la trabajadora víctima de violencia de género se situó en el 23,3%, en el año 2015, el porcentaje es del 26%, en el año 2016, del 25,5%, en el año 2017, del 27,1% y en año 2018, del 27,9%[154].

Ahora bien, estos mismos datos también se pueden analizar desde otra perspectiva más crítica, llevándonos a concluir que se ha producido un estancamiento en el proceso de incorporación de este tipo de cláusulas convencionales, lo cual, en cierto modo resulta decepcionante, sobre todo si tenemos en cuenta el reiterado compromiso asumido por las organizaciones sindicales y organizaciones empresariales sobre esta materia en los diversos Acuerdos para el Empleo y la Negociación Colectiva adoptados a lo largo de todos estos años, lo que lleva a preguntarnos cuáles pueden ser los motivos que hacen que las medidas laborales de protección de la víctima de violencia de género no se encuentre entre los temas prioritarios de negociación.

La respuesta a esta cuestión es, a nuestro parecer, compleja y requiere de la realización de un análisis en profundidad por especialistas en investigaciones de campo. No obstante, no nos resistimos a apuntar algunos factores que, a nuestro parecer, pueden estar incidiendo en el peso que, en estos momentos, tiene esta materia en los procesos de negociación de los convenios colectivos.

A este respecto y, en primer lugar, es importante recordar que nos encontramos ante una materia que no forma parte del llamado núcleo duro de la negociación de los convenios colectivos, entre los que se encontrarían, por ejemplo, las condiciones retributivas, el sistema de clasificación profesional, los procesos de promoción y ascensos, la contratación, la regulación de los tiempos de trabajo y descansos, entre otros. Materias clásicas, directamente vinculadas al contrato de trabajo, en las que las partes negociadoras se encuentran cómodas y que,

---

153. Vid., entre otros, CALVO GALLEGO, Francisco Javier: «El tratamiento de la violencia de género por la negociación colectiva», *Trabajo, Persona, Derecho, Mercado*, núm. 2, 2021; FERRADANS CARAMÉS, Carmen: «Medidas laborales de la ley de protección contra la violencia de género y negociación colectiva», *Revista de Derecho Social*, núm. 32, 2005; FERREIRO REGUEIRO, Consuelo: «Violencia de género...», cit.; GÓMEZ GARCÍA, Francisco Xabiere: «El tratamiento de la violencia de género en la negociación colectiva» en FERNÁNDEZ DOMÍNGUEZ, Juan José (Dir.): *Nuevos escenarios y nuevos contenidos de la negociación colectiva*, MITES, Madrid, 2020; KAHALE CARRILLO, D. Tony: «Violencia de género» en SÁNCHEZ TRIGUEROS, Carmen (Dir.): *El principio de igualdad en la negociación colectiva*, MEYSS, Madrid, 2016, LOUSADA AROCHENA, Fernando: «La protección de las víctimas...», cit. y ROMERO BURILLO, Ana Mª: «Las medidas laborales...», cit.

154. Vid. CALVO GALLEGO, Francisco Javier: «El tratamiento de la violencia...», cit. p. 45.

además, responden al interés general de las personas trabajadoras que conforman el ámbito subjetivo del convenio a negociar. Por el contrario, las medidas laborales dirigidas a la protección de las trabajadoras víctimas de violencia de género no dejan de ser una regulación que incide sobre una situación personal producida en el ámbito privado y que afecta a un reducido número del personal que conforma el ámbito subjetivo del convenio colectivo.

En segundo lugar, otro factor que puede incidir en el desarrollo de las medidas de protección de la trabajadora víctima de violencia de género en el contenido de los convenios colectivos es el grado de participación que tienen las mujeres en los procesos negociadores de los mismos, ya que dicha presencia con mayor o menor intensidad, en su mayoría promociona objetivos feministas relativos a la mejora de las condiciones laborales.

Sobre esta cuestión, y por lo que hace referencia a las organizaciones sindicales, debe señalarse que la LOI supuso un espaldarazo en el posicionamiento de las mujeres en dichas organizaciones y desde hace ya un tiempo se apuesta por la paridad en sus estructuras.

Los datos que nos ofrecen estudios recientes realizados sobre la presencia de directivas en las entidades sindicales constatan que se están consiguiendo unos niveles de igualdad de representación notables, suponiendo un gran avance, fundamentalmente en la visibilización de las mujeres en las bases de las organizaciones sindicales y en la toma de decisiones. En este sentido, en las tres últimas décadas ha crecido gradualmente la participación de las mujeres en los sindicatos, como afiliadas, como delegadas y como responsables sindicales[155]. A modo de ejemplo, CCOO cuenta en 2024 con 1.087.714 personas afiliadas, de las que 515.712 son mujeres, es decir, el 47,09% del total de la afiliación, y en relación a los cuadros de dirección y representación, de un total de 100.759 delegados y delegadas sindicales, el 41,98% son mujeres[156]. En UGT, los datos son similares, así en el año 2021, la afiliación se distribuía entre el 41,6% de mujeres y el 58,4% de hombres y en el año 2024 la representación en las empresas se distribuye entre un 57,29% de hombres y un 42,70% de mujeres[157].

A nuestro parecer, esta acción no debe abandonarse para su definitiva consolidación. Y, a tal efecto, cabe esperar que la reciente aprobación de la LO 2/2024 (Ley de paridad) sea un instrumento útil y definitivo para ello.

En el caso de las organizaciones empresariales, los datos que nos proporcionan los últimos informes realizados al respecto, aunque nos muestran un progresivo incremento en términos globales en la participación de las mujeres en

---

155. Vid. a este respecto, entre otros estudios, BERMÚDEZ FIGUEROA, Eva y LÓPEZ, Irene: «Mujeres y Sindicalismo. La eterna pugna», *La Brecha*, núm. 23, 2024, y MUÑOZ RUIZ, Mayka; ANTÓN FERNÁNDEZ, Eva y GARCÍA BUJARRABAL, Diana: *El feminismo en las políticas de las centrales sindicales en España*, Instituto de las Mujeres, Madrid, 2023, p.

156. Datos publicados en el portal de transparencia de CCOO https://transparencia.ccoo.es/. Última consulta 26 de noviembre de 2024.

157. Datos publicados en el portal de transparencia de UGT https://www.ugt.es/portal-de-transparencia. Última consulta 26 de noviembre de 2024.

la empresa española, la paridad es un objetivo todavía lejano[158]. En este sentido, se puede observar que, con respecto a los órganos de decisión más importantes, la presidencia está ocupada por una mujer en el 18,39% de los casos y el de dirección general en un 14,49%. En los Consejos de Administración, la presencia de mujeres sigue siendo minoritaria: no supera el 25 % para el conjunto de sociedades.

Los puestos con mayor representación son las direcciones de Publicidad, Recursos Humanos y Calidad. Las mujeres autónomas representan el 34,13 % del total. Esta lenta evolución se constata en la proporción de mujeres dentro de la creación de sociedades que no ha superado el 24 % en los 5 últimos años. Se nota una mejora en las sociedades con mayor visibilidad en las empresas del IBEX, la representación de las mujeres en los Consejos de Administración es más elevada y alcanzó el 37,60% en 2022. Esta proporción es de casi un 32% para las empresas con participación del Estado y ha ido mejorando en los últimos 5 años. Aunque cerca del 63% de las empresas no cuenta con ninguna directiva, esta proporción ha mejorado. Asturias y Navarra son las Comunidades con la mayor proporción de autónomas. En cualquier caso, existen grandes variaciones entre sectores: el sector de la Sanidad cuenta con un 66 % de mujeres, mientras el sector de los Transportes solo tiene un 11,52 % de mujeres.

Como se puede comprobar, en este ámbito se hace especialmente visible el techo de cristal y, por ello, resulta imprescindible seguir adoptando medidas que, en la línea que ya apuntaba el art. 75 LOI, consigan un mejor equilibrio de género en los órganos directivos de las empresas. A tal efecto la LO 2/2024 (Ley de paridad) incorpora directrices para alcanzar dicho objetivo, introduciendo criterios de paridad en los órganos de gobierno y representación empresariales que esperemos permitan conseguir próximamente una representación más equilibrada en las empresas.

A nuestro parecer, una presencia equilibrada a nivel empresarial puede tener una importante proyección en los procesos negociadores que se llevan a cabo por las organizaciones empresariales a todos los niveles y, entre ellos, los referidos a la negociación colectiva.

Un tercer factor que queremos apuntar, y que puede estar incidiendo en los procesos negociadores de las cláusulas convencionales para la protección de las víctimas de violencia de género, es el incremento del número de Planes de Igualdad adoptados por las empresas. Este factor no puede interpretarse en un sentido negativo, ni mucho menos, pero ciertamente puede estar trasladando la negociación de las medidas laborales sobre violencia de género de los convenios colectivos a los Planes de Igualdad[159]. La opción por la regulación de estas medidas en el marco de un Plan de Igualdad resulta ciertamente interesante ya que,

---

158. Vid. *Informe. Presencia de las mujeres en la empresa Española*. Marzo 2024. https://www.igualdadenlaempresa.es/recursos/estudiosMonografia/docs/Presencia_de_las_mujeres_en_la_empresa_espanola.pdf.

159. Así, sucede, por ejemplo, en el caso del Grupo Mahou, SA. Vid. II Plan de Igualdad del Grupo Mahou, SA. o del Grupo Massimo Dutti. Vid. II Plan de Igualdad del Grupo Massimo Dutti.

como es sabido, el Plan de Igualdad se adopta a partir de la realización de un diagnóstico previo de la situación existente en la empresa, por lo que las medidas que se negocian y acuerdan están pensadas para la empresa y se ajustan a las necesidades de la misma, lo cual, en el caso que nos ocupa, permiten ofrecer a la trabajadora víctima de violencia de género medidas que resultarán más efectivas, en tanto que podrán conjugar mejor las necesidades de las trabajadoras víctimas violencia de género y las posibilidades organizativas y técnicas de la empresa.

Ahora bien, hay que tener en cuenta que la actual normativa que regula los Planes de Igualdad no incluye entre las materias que obligatoriamente deberán incluirse en el diagnóstico de situación del Plan la violencia de género, sino únicamente la prevención del acoso sexual y por razón de sexo (art.46.2 i) LOI)[160], por lo que queda en manos de la comisión negociadora del Plan la incorporación de la materia correspondiente a la protección de la víctima de violencia de género. A este respecto, puede resultar interesante que en una futura reforma laboral se modifiquen los contenidos mínimos del diagnóstico de situación del Plan de Igualdad previstos en la actual normativa, dando entrada, también, a las medidas laborales dirigidas a la prevención, detección y acompañamiento de la trabajadora víctima de violencia de género.

Por otra parte, tampoco hay que olvidar que la adopción de un Plan de Igualdad no tiene carácter preceptivo para todas las empresas, sino únicamente para aquellas que cuentan con 50 o más personas trabajadoras (art. 45.2 LOI)[161], lo que, como ya hemos tenido oportunidad de señalar en otro apartado de este trabajo, resulta un hándicap para el caso de las empresas españolas, ya que el porcentaje de empresas con una plantilla superior a 50 personas trabajadoras no alcanza el 2%. Ahora bien, tal y como indica la propia LOI, nada impide a cualquier empresa, sea de las dimensiones que sea, a adoptar de forma voluntaria un Plan de Igualdad. En todo caso, no puede obviarse las dificultades técnicas que para las empresas de menos de 50 personas trabajadoras puede comportar abordar un proceso de la magnitud que supone la elaboración de un Plan de Igualdad, por lo que, en tales casos, una alternativa, a nuestro parecer totalmente viable y realista, puede consistir en que este tipo de materias se incorporen entre el contenido de negociación de al menos los convenios de carácter sectorial.

Por último, otro factor que, a nuestro parecer, también puede incidir en la presencia de cláusulas negociales sobre esta materia, es la propia situación a regular —la violencia de género—, en tanto que puede generar un cierto «miedo escénico» a los agentes sociales encargados de la negociación por el desconocimiento que se puede tener de esta realidad, así como también el carácter tan delicado que tiene abordar el acompañamiento de la víctima de violencia de

---

160. Vid. también art. 7 RD 901/2020, de 13 de octubre, por el que se regulan los planes de igualdad y su registro y se modifica el RD 713/2010, de 28 de mayo, de registro y depósito de convenios y acuerdos colectivos de trabajo. (BOE de 14 de octubre de 2020).

161. Vid. también art. 2 RD 902/2020.

género por personas no especialistas en la materia, lo que puede comportar que, pese a que se pueda mostrar interés y voluntad en su regulación, el «temor» a no regular adecuadamente la materia lleve a renunciar a la negociación de estas medidas.

A este respecto, y para salvar justamente esas reticencias, consideramos imprescindible la promoción de la formación en materia de violencia de género a todos los niveles de quienes ostentan la representación de las personas trabajadoras y de las empresas en las mesas de negociación de los convenios, una formación que debe ir más allá de la mera información de la regulación existente a nivel legal e incidir y profundizar en el conocimiento del potencial que ofrece la negociación colectiva al respecto y los espacios de ampliación y mejora que permiten los convenios colectivos o, en su caso, los Planes de Igualdad. Asimismo, puede resultar igualmente efectivo, cuando las partes negociadoras no cuenten con esta formación, incorporar/designar, tal y como permite el art. 88 3 ET, como miembros con voz y sin voto, a especialistas en igualdad, como, por ejemplo, sería el caso de agentes de igualdad, para asesorar sobre estas cuestiones en las deliberaciones de la comisión negociadora.

Ahora bien, dicho todo lo cual, a nuestro parecer, tan importante o más que conocer el número de convenios colectivos que incorporan cláusulas relativas a la protección de la trabajadora víctima de violencia de género es saber el alcance que tiene dicha regulación y, por tanto, analizar desde un punto de vista cualitativo el tratamiento y contenido de la regulación prevista en los convenios.

A tal efecto, en los próximos apartados de este capítulo procederemos a realizar un estudio concreto de la regulación que reciben cada una de las medidas legales previstas para la trabajadora víctima de violencia de género, así como también la identificación de medidas adicionales que contemplan los convenios colectivos. No obstante, una primera aproximación a la regulación convencional de esta materia ya nos permite realizar algunas valoraciones generales al respecto y, en este sentido, una primera consideración a realizar, y que resulta una constante a lo largo del tiempo, es la falta de una homogeneidad en la regulación convencional, tanto desde un punto de vista sistemático, como en relación con las materias a tratar.

En este sentido, a nivel sistemático, tanto es posible encontrar convenios que regulan de forma monográfica y en único artículo todas las medidas previstas[162], como convenios en los que las medidas reguladas se encuentran diseminadas a lo largo de todo el texto convencional, incluyéndose la regulación de esta materia en la concreta cláusula que regula cada una de las instituciones laborales, es decir, en

---

162. Vid., por ejemplo, Art. 14 del CC de grandes almacenes. (BOE de 27 de marzo de 2006); Art. 80 del III CC de la industria de la madera. (BOE de 7 de diciembre de 2007); Art. 70 del IV CC estatal para las empresas de gestión y mediación inmobiliaria. (BOE de 10 de diciembre de 2011); Art. 44 del CC del Grupo Champions (Supermercados Champion, SA. y Grupo Supeco-Maxor SL). (BOE de 10 de mayo de 2013); Art. 62.A del CC del grupo de empresas DIA SA y Twins Alimentación SA. (BOE de 2 de septiembre de 2016); Art. 33 del CC de la empresa Delver Logistic, SLU. (BOE de 25 de noviembre de 2019); Art. 60 del XXIV CC del sector de la banca. (BOE de 30 de marzo de 2021).

la regulación sobre reducción de jornada, suspensión del contrato, etc., introduciendo en cada una de ellas la correspondiente referencia a la violencia de género[163]. Tampoco es excepcional encontrar convenios colectivos en los que se combinan los dos modelos anteriores y que, por tanto, reservando un apartado específico para la regulación de la protección de la víctima de violencia de género, también se incluya alguna otra referencia genérica o específica en otras cláusulas del convenio[164].

Todas las fórmulas anteriormente indicadas tienen sus ventajas. De esta manera, la opción por regular de forma agrupada todas las medidas en una misma cláusula favorece su conocimiento por las personas interesadas, mientras que la integración de la protección de la víctima de violencia de género en cada una de las cláusulas que regulan cada materia se compadece más con la técnica transversal de la LOVG y de normas posteriores como la LOI, permitiendo a la vez una comprensión completa del alcance de cada institución laboral, la tercera opción, que supondría entremezclar las dos anteriores, tiene la ventaja de que permite combinar la técnica con los aspectos simbólicos y pedagógicos[165].

A nuestro parecer, la fórmula deseable sería la que combina la inclusión de una declaración general donde se aluda a la protección de la víctima de violencia de género con una remisión a un apartado específico que incluyera todas las medidas previstas sobre la materia. Ahora bien, en tanto que este modelo no es el que de forma más habitual se incorpora en los convenios colectivos, una alternativa que nos parece también ciertamente satisfactoria es la consistente en la previsión de una regulación integrada en un único apartado o cláusula dedicada con carácter monográfico a este colectivo y que englobe toda la regulación sobre esta cuestión en el texto convencional. Esta sistemática es la que ofrece un tratamiento más homogéneo, unificado y amplio de estas cuestiones, permite conocer fácilmente a la víctima de violencia de género cuál es el programa de medidas que se le atribuye en su empresa o sector y elimina discordancias y desconexiones con respecto al conjunto de la regulación convencional[166].

---

163. Vid., por ejemplo, Arts. 28,48 y 56 b) del CC de perfumería y afines. (BOE de 23 de agosto de 2007); Arts. 32,60 y 62 del CC de ámbito estatal del sector de contact center (antes telemarketing). (BOE de 27 de julio de 2012); Art. 20 del CC de la Fundación UNICEF. Comité Español. (BOE 1 de junio de 2017); Art. 112 del CC del Grupo EDP España. (BOE de 4 de abril de 2018); Arts. 7 y 13 del CC de Transportes Bacoma, SA. (BOE de 1 de mayo de 2023); y, Arts. 10 y 22 del CC del sector de las empresas organizadoras de eventos. (BOE de 20 de diciembre de 2024).

164. Vid., entre otros, Art. 5 y Anexo del II CC de Repsol YPF, SA. (BOE de 6 de marzo de 2007); Arts. 29 p) y 47 del CC de la empresa Extremadura Avante, SLU, para sus sociedades filiales participadas mayoritariamente directa o indirectamente. (BOE de 31 de julio de 2018); Arts. 48 y 23 del CC estatal para despachos de técnicos tributarios y asesores fiscales. (BOE de 11 de agosto de 2023); Arts. 29.3.4 y 91 del V CC de reforma juvenil y protección de menores. (BOE de 16 de diciembre de 2024); y, Arts. 18, 51 y 67 del IV CC estatal de comercio minorista de droguerías y perfumerías. (BOE de 20 de diciembre de 2024)

165. Vid. CALVO GALLEGO, J.: «El tratamiento por la negociación colectiva...», cit. p. 55 y LOUSADA AROCHENA, Fernando: «La protección de las víctimas...», cit. p. 432.

166. Vid., en este mismo sentido, CALVO GALLEGO, J.: «El tratamiento de la negociación colectiva...», cit. p. 55, con cita de FRAGUAS MADURGA, Lourdes: «El reconocimiento por la

Por lo que se refiere al concreto contenido de la regulación convencional relativa a los derechos laborales de la trabajadora víctima de violencia de género, también encontramos una gran diversidad en su tratamiento y, tanto es posible encontrar convenios en los que la regulación de esta materia se limita a la incorporación de meras cláusulas declarativas sobre la asunción de compromisos para la protección de la trabajadora víctima de violencia de género sin mayor desarrollo, si bien, es cierto que esta es una práctica que ha ido perdiendo presencia con el paso de los años[167], como también es posible, y en este caso es menos excepcional, encontrar cláusulas en las que las previsiones sobre el tema se limitan a realizar, con mayor o menor precisión, una remisión a la regulación legal o a reproducir literalmente el contenido de los diferentes preceptos legales que regulan la materia[168]. Por último y en progresivo aumento encontramos un tercer grupo de convenios colectivos en los que, en relación con una o varias de las medidas que regula la ley, prevé una regulación propia, incorporando concreciones o mejoras, así como también medidas adicionales no previstas por la ley[169].

Teniendo en cuenta las anteriores consideraciones, en los siguientes apartados procederemos a realizar un estudio detallado de la forma en la que los convenios colectivos vienen abordando la regulación de las medidas laborales dirigidas a la protección de la trabajadora víctima de violencia de género, su modulación y ampliación, apuntado las buenas prácticas negociales existentes a fin de que puedan servir de guía para la regulación de futuros convenios, así como también como medidas susceptibles de configurarse como propuestas de *lege ferenda.*

---

negociación colectiva de los derechos laborales de las víctimas de violencia de género», *Revista Española de Derecho del Trabajo*, núm. 188, 2016, nota, 21.

167. Vid. por todos CC del Grupo «Mis pollitos SL». (BOCYL de 3 de septiembre de 2015) y, más recientemente, CC de Vodafone Responsabilidad Social. (BOE de 10 de octubre de 2024).

168. Vid., a título de ejemplo, Art. 34 del IV CC marco estatal de servicios de atención a personas dependientes. (BOE de 4 de agosto de 2006); Art. 137 del CC para las industrias extractivas, industrias del vidrio, industrias cerámicas y para las del comercio exclusivista de los mismos materiales. (BOE de 31 de agosto de 2007); Cláusula adicional cuarta del CC de la empresa Saint Gobain Vicasa, SA. (BOE de 4 de octubre de 2011); Art 40 del XVI CC estatal de empresas de consultoría y estudios de mercado y de la opinión pública. (BOE de 4 de abril de 2009); Art. 87 del I CC de la empresa Corporación de RTVE. (BOE de 28 de noviembre de 2011); Disposición adicional tercera del CC nacional de la prensa no diaria. (BOE de 23 de diciembre de 2013); Disposición adicional séptima del CC nacional de universidades privadas, centros universitarios privados y centros de formación de postgraduados. (BOE de 16 de mayo de 2016); Art. 52 del CC del grupo Marítima Davila, SA. (BOE de 11 de octubre de 2018); y Art. 38 del CC de Staci Logistics Spain, SLU. (BOE de 15 de octubre de 2024).

169. Vid., por ejemplo, Art. 41.1 del Grupo Eroski. (BOE de 6 de junio de 2006); Art. 65 del CC estatal para empresas de gestión y mediación inmobiliaria. (BOE de 13 de enero de 2007); Art. 17 del CC de Federación Farmacéutica SCCL. (BOE de 11 de abril de 2012); Art. 64 del CC de Movistar+, (DTS, Distribuidora de Televisión Digital, SA; Telefónica Digital, SA; Telefónica Audiovisual Digital, SLU y Compañía Independiente de Televisión, SL. (BOE de 1 de agosto de 2020); y, Art. 54 del CC estatal del sector laboral de la restauración colectiva para los años 2020 y 2021. (BOE de 14 de mayo de 2021).

2. LA DETERMINACIÓN DEL ÁMBITO SUBJETIVO DE LAS MEDIDAS PREVISTAS EN LAS CLÁUSULAS CONVENCIONALES

Una vez analizadas las pautas legales que llevan a concretar la condición de víctima de violencia de género, se nos plantea la cuestión de saber cuál es el tratamiento que la negociación colectiva ha venido realizando sobre esta materia. Recordemos que la negociación colectiva debe respetar la delimitación conceptual de víctima de violencia de género prevista en la LOVG y, por tanto, no puede negar a la misma la protección que la ley le concede. Ahora bien, atendiendo a la función de concreción y mejora que puede desarrollar la negociación colectiva, nos parece interesante conocer cuál es la proyección que dichas medidas tienen en los convenios colectivos y si también se hacen extensibles a otras personas que no responden a la condición legal de víctima de violencia de género, pero que también se ven afectadas por comportamientos violentos y/o maltratos o si, por el contrario, la regulación convencional no ha tenido en cuenta esta posibilidad y se ciñe estrictamente a lo que marca la norma legal de referencia.

A este respecto, una primera consideración que se puede realizar es que, en general, los convenios colectivos no suelen detenerse en la delimitación subjetiva de las medidas dirigidas a la trabajadora víctima de violencia de género. Ahora bien, cuando lo hacen, normalmente se limitan a realizar una remisión a lo dispuesto en la ley sobre la condición de víctima de violencia de género, ya sea de forma tácita, mencionando simplemente que la protección se dirige a la trabajadora «víctima de violencia de género»[170], ya sea de forma expresa, por medio de la reproducción literal de los términos de la ley en cuanto al modo de acreditar dicha condición[171], o bien remitiéndose a la definición de la LOVG[172].

---

170. Vid., a modo de ejemplo, Art. 17 del CC de Allianz, Compañía de Seguros y Reaseguros, SA. (BOE de 27 de agosto de 2018); Art. 60 del CC estatal de acción e intervención social 2015-2017. (BOE de 3 de julio de 2015); y, Art. 38 del III CC general de servicios de asistencia en tierra en aeropuertos. (BOE de 21 de octubre de 2014).

171. Vid., por ejemplo, Art. 100 del CC general de la industria textil y de confección. (BOE de 21 de agosto de 2015) en el que se establece, siguiendo la redacción originaria del art. 23 de la LO 1/2004, que «Las situaciones de violencia que dan lugar al reconocimiento de los derechos regulados en este capítulo, se acreditaran con la orden de protección a favor de la víctima. Excepcionalmente, será título de acreditación de esta situación, el informe del Ministerio Fiscal que indique la existencia de indicios de que la demandante es víctima de violencia de género hasta tanto se dicte la orden de protección». Ejemplos más recientes los podemos encontrar, entre otros, en el Art. 42 del CC de Dentoestetic Centro de Salud y Estética Dental, SL. (BOE de 6 de julio de 2017) y en el Art. 99.5 «in fine» del CC de Ferrovial Serivicios SA, y los trabajadores adscritos al servicio de restauración y atención a bordo de los trenes. (BOE de 25 de enero de 2018).

172. Vid., en este sentido, entre otros, Art. 21.3 del CC de mataderos de aves y conejos. (BOE de 28 de marzo de 2014); Art.52 del CC del grupo Marítima Davila, SA. (BOE de 11 de octubre de 2018); Art. 49.5 del CC de Prosegur Soluciones, SA. (BOE de 11 de junio de 2018); y, más recientemente, Art. 66. Apartado VI del CC estatal del comercio minorista de droguerías, herboristerías y perfumerías. (BOE de 12 de enero de 2022); y, Art. 13 del CC de la Unidad de Trabajo Aluminio Español, SL y Alúmina Española, SA. (BOL de 21 de febrero de 2022).

Junto a este grupo de convenios, también encontramos, aunque de forma más puntual, otros convenios en los que se configura un ámbito propio de aplicación de las medidas protectoras, lo cual se realiza no siempre con igual acierto. En este sentido, en ocasiones, sobre todo en los primeros años de aplicación de la LOVG, se pueden identificar convenios colectivos en los que se limitan los mecanismos legales de acreditación de la condición de víctima de violencia de género[173]. En estos casos, entendemos que tal limitación no es aplicable y, por tanto, en la práctica siempre se podría acreditar la condición de víctima de violencia de género por todas las vías previstas por la LOVG. A este respecto, cabe indicar que tales previsiones, en un primer momento, podían justificarse en la novedad de la norma y su falta de conocimiento. Sin embargo, trascurridos ya veinte años desde su aprobación, el hecho de que existan convenios en vigor que sigan manteniendo definiciones restrictivas del ámbito subjetivo de las medidas prevista en la LOVG, resulta ciertamente incomprensible y es conveniente que las partes negociadoras de los convenios realicen un esfuerzo de reformulación de la definición que se ajuste a la legalidad[174].

En otras ocasiones, los convenios, con la voluntad de utilizar un lenguaje neutro o no sexista, incorporan a la referencia de víctima de violencia de género, los términos «trabajador/trabajadora», o «personas trabajadoras», lo cual aunque debe interpretarse en los términos que marca la ley, lo cierto es que puede llevar a la confusión de entender que también los hombres pueden ser víctimas de violencia de género y, en consecuencia, beneficiarios de las medidas protectoras que prevé la LOVG[175].

Cabe indicar, no obstante, que esta confusión se ha ido corrigiendo con el paso del tiempo y cada vez son menos los convenios que incluyen una referencia de este tipo, lo cual, entendemos que es consecuencia del mayor conocimiento y sensibilización que tiene la sociedad sobre la violencia de género y que tiene su correspondiente traslación en las mesas negociadoras de los convenios

---

173. Un ejemplo lo encontramos en el Art. 48 del VI CC estatal de gestorías administrativas. (BOE de 24 de febrero de 2014), en donde se menciona únicamente como mecanismo de acreditación de la condición de víctima de violencia de género a la orden judicial de protección y, en términos parecidos, en el XIII Anexo del CC de Renault España, SA. (BOE de 28 de septiembre de 2016), que sólo admite como medio de acreditación de la condición de víctima de violencia de género la obtención de una sentencia firme donde se constate la existencia de dicha violencia hacia la persona. Más recientemente, también, por ejemplo, el Art. 51 del CC Carburos Via Augusta Logistic. (BOE de 16 de noviembre de 2018) indica que cuando una trabajadora justifique ante la empresa, mediante la existencia de una resolución judicial, ser víctima de violencia de género tendrá derecho a poder beneficiarse de las medidas laborales previstas en el convenio para estos casos.

174. Vid., en este sentido, por ejemplo, Anexo XIV del CC de Renault España, SA. (BOE de 15 de septiembre de 2021).

175. Vid., Art. 36 del CC del sector del comercio de vidrio, pisa, cerámica y similares 2005-2009. (DOG de 16 de junio de 2006) y, más recientemente, por ejemplo, Art. 56 del CC del grupo de empresas Grupo MRW, centros de trabajo de las empresas Fitman sL, Interlock Expres, SA, MRW Courier Gropup SL y Vigon Oeste SA. (BOB de 2 de mayo de 2015); Art. 21.2 del III CC Vueling Airlines, S.A. (2015-2019) (BOE de 4 de abril de 2017); y, Art. 55 del CC Establiments Viena, SA. (BOE de 27 de agosto de 2018).

colectivos. En este sentido y, a título de ejemplo, se puede mencionar el Art. 67 del CC de la empresa Euro Depot España, SAU, de aplicación entre los años 2017 y 2020[176], en donde se señalaba que «aquellos trabajadores pertenecientes a la plantilla de la empresa y que sean declarados oficialmente como víctimas de la denominada violencia de género, les serán de aplicación todos los beneficios al efecto previsto en la Ley Orgánica 1/2004, de 28 de diciembre, de Medidas de Protección Integral contra la Violencia de Genero». Posteriormente, sin embargo, en el Art. 83 del CC de esta misma empresa, vigente para los años 2023 a 2025[177], se procede a indicar que «aquellas trabajadoras pertenecientes a la plantilla de la empresa y que sean declaradas oficialmente como víctimas de la denominada violencia de género, les serán de aplicación todos los beneficios al efecto previsto en la Ley Orgánica 1/2004, de 28 de diciembre, de Medidas de Protección Integral contra la Violencia de Genero».

Junto a estos ejemplos, cabe destacar también otros convenios colectivos en los cuales, con una adecuada técnica jurídica, prevén la extensión de las medidas que la LOVG reconoce a la trabajadora víctima de violencia de género a otras personas trabajadoras, tanto hombres como mujeres, que también se ven afectadas por situaciones de violencia o maltrato. En este sentido, cabe mencionar los supuestos en los que se reconoce alguna medida protectora tanto a la trabajadora víctima de violencia de género, como al trabajador víctima de violencia doméstica[178] y, también es de destacar, los casos en los que los convenios colectivos, desde un primer momento y avanzándose a la ampliación de los sistemas de acreditación de la condición de víctima de violencia de género recogida en el RD-ley 9/2018, se han mostrado menos restrictivos a la hora de exigir la acreditación de la condición de víctima de violencia de género, considerando, por ejemplo, suficiente, la documentación de los servicios sanitarios o de los servicios sociales[179] o haber iniciado «las acciones cautelares pertinentes»[180].

En estos últimos casos, no obstante, consideramos que la efectividad de las previsiones convencionales sólo puede estar circunscrita al ámbito de las medidas protectoras aplicables al ámbito privado de la relación laboral, ya que la extensión de tal ámbito a derechos que reconocen organismos públicos como los Servicios Públicos de Empleo o la Seguridad Social suponen sobrepasar los límites reguladores que tiene reconocidos el convenio colectivo y, en consecuencia, una vulneración de las competencias estatales en la materia[181].

Sin duda, una buena práctica negocial que puede servir de modelo para futuras negociaciones de convenios colectivos es la consistente en distinguir la

---

176. BOE de 13 de diciembre de 2017.
177. BOE de 27 de septiembre de 2023.
178. Vid. Art. 37 del CC para el sector de agencias de viajes. (BOE de 22 de agosto de 2013).
179. Vid., en este sentido, Art. 25.2, párrafo segundo del XVIII CC general de la Industria Química (BOE de 19 de agosto de 2015).
180. Vid. Art. 48.1 del IV CC estatal de gestorías administrativas. (BOE de 1 de abril de 2010).
181. Vid. FERREIRO REGUEIRO, Consuelo: «Violencia de género…» cit., pág. 472.

ampliación del ámbito subjetivo de la medida protectora, en función de si la efectividad de la misma depende en exclusiva de la empresa o si, por el contrario, el reconocimiento del derecho requiere de la correspondiente autorización administrativa o, también, en función de las posibilidades y margen de actuación que puede tener la empresa.

Entre los convenios que se encuentran en esta línea de ampliación se pueden mencionar, por ejemplo, los correspondientes a las empresas del Grupo Repsol los cuales, a partir de las previsiones contenidas en el IX Acuerdo Marco del Grupo, y bajo el título de «protección a las víctimas de la violencia ejercida en el entorno familiar» ofrecen, junto a la protección legal reconocida a las víctima de violencia de género, una protección adicional extensible a toda persona empleada en la empresa víctima de una conducta violenta, así como también a los hijos y a las hijas que convivan con ella, siempre que la persona agresora sea una persona con quien la persona empleada mantenga en el momento en que solicita la protección una relación de parentesco o afectividad, entendiendo por tal relación la condición de cónyuge, ex-cónyuge, pareja de hecho o familiar de cualquier grado[182].

En una línea similar, más recientemente, se puede señalar también el IV CC marco del Grupo Viesgo España, el cual prevé una ampliación de las medidas de protección de la víctima de violencia de género previstas por la ley, extendiendo el alcance de las mismas a las relaciones de parentesco, así como también a «hijos o hijas menores de edad que convivan con aquella», reconociéndose, por ejemplo, medidas de asesoramiento y apoyo psicológico, de asistencia jurídica o medidas tendentes a garantizar el disfrute de la vivienda familiar[183].

3. LA REGULACIÓN CONVENCIONAL SOBRE CONTRATACIÓN LABORAL Y PERÍODO DE PRUEBA

Las medidas suspensivas del cómputo de la duración de los contratos formativos y del período de prueba no se encuentran entre las previsiones que de forma recurrente aparecen previstas en la negociación colectiva.

Los motivos que pueden justificar la falta de atención convencional de estas previsiones se pueden encontrar en que se tratan de medidas que cuentan con un corto recorrido aplicativo, ya que se introducen con la aprobación del RD-Ley 6/2019, pero sobre todo porque son previsiones que no ofrecen mucho margen de maniobra a la negociación colectiva.

---

182. Vid., en este sentido, entre otros, Art. 37 del CC Repsol Comercial de Productos Petrolíferos, SA. (BOE de 28 de noviembre de 2018); Art. 15 del VII CC Repsol, SA. (BOE de 17 de julio de 2018); y, Art. 44 del CC Repsol Lubricantes y Especialidades, SA. (BOE de 14 de mayo de 2018).

183. Arts. 106 a 112 del IV CC marco del Grupo Viesgo España. (BOE de 13 de noviembre de 2021).

Cabría plantearse también la posibilidad de que con anterioridad a su incorporación por el Real Decreto-ley 6/2019 y en base a la función de suplementariedad que puede realizar el convenio colectivo respecto a la ley, la negociación colectiva hubiera incluido dichas cláusulas suspensivas entre el contenido normativo de los convenios vigentes hasta el momento. Sin embargo, del análisis que se ha realizado de los convenios colectivos publicados desde el año 2005 hasta el año 2019, se puede concluir que la negociación colectiva no ha mostrado interés por regular estos aspectos.

De esta manera, el tratamiento que, por el momento, recibe la regulación legal sobre medidas dirigidas a la protección de la trabajadora víctima de violencia de género con respecto a la regulación de la duración de los contratos formativos y del período de prueba, cuando se incorpora en los convenios colectivos, se limita a una reproducción de los términos con los que se expresa la norma legal[184]. Sólo se ha podido encontrar alguna matización en la regulación prevista por la ley respecto al régimen del período de prueba, ya que en algún convenio parece cerrarse la opción que la ley permite de suspender la duración de dicho período por acuerdo mutuo de las partes, produciéndose la suspensión del cómputo de forma automática cuando así lo solicita la trabajadora víctima de violencia de género. Concretamente esta redacción se ha podido identificar en el Art. 23 del CC estatal para las empresas y personas trabajadoras de perfumerías y afines para el período 2019-2021[185], que señala que «la situación de incapacidad temporal, riesgo durante el embarazo y durante la lactancia natural de un menor de nueve meses, suspensión del contrato por nacimiento de hija o hijo o *por decisión de la persona víctima de violencia de género*, así como todos los supuestos de adopción o acogimiento interrumpirá el cómputo de este período, que se reanudará a partir de la fecha de la incorporación efectiva al trabajo». Cabe indicar que esta misma redacción se mantiene en el Convenio colectivo de sector vigente en estos momentos[186].

---

184. Vid., por ejemplo, en relación con la regulación de los contratos formativos, Art. 6 del CC de la empresa Solutions 30 Iberia 2017, SL. (BOE de 13 de diciembre de 2019); Art. 13 del CC estatal de estaciones de servicio. (BOE de 11 de marzo de 2020); Art. 8 del CC del sector de grandes almacenes. (BOE de 11 de junio de 2021); Art. 12.4 b) del CC de Refresco Iberia, SAU, para los centros de trabajo de Oliva (Valencia) y Alcolea (Córdoba). (BOE de 6 de mayo de 2022); Art. 24 del CC estatal de la Industria, las Nueva Tecnologías y los Servicios del Sector del Metal. (BOE de 12 de enero de 2022); y, Art. 29.3.4 b) del V CC de reforma juvenil y protección de menores. (BOE de 16 de diciembre de 2024). En relación con la regulación del período de prueba, vid., entre otros, Art. 8 del CC de la empresa Family Cash, SL. (BOE de 16 de noviembre de 2021); Art. 22 II del CC de la Asociación para la Gestión de la Integración Social. (BOE de 9 de julio de 2019); Art. 16.4 del CC de la empresa Consum, Sociedad Cooperativa Valenciana. (BOE de 18 de mayo de 2021); Art. 9 del IV CC de Enercon Windenergy Spain, SL. (BOE de 16 de diciembre de 2024); Art. 11 del CC de Izmar, SLU, para los años 2024-2027. (BOE de 20 de diciembre de 2024); Art. 9 del CC del sector de las empresas organizadoras de eventos. (BOE de 20 de diciembre de 2024); y, Art. 18 del CC estatal del comercio minorista de droguerías y perfumerías. (BOE de 20 de diciembre de 2024).

185. BOE de 13 de diciembre de 2019.

186. Vid. CC estatal para las empresas y personas trabajadoras de perfumerías y afines. (BOE 26 de enero de 2023).

4. EL TRATAMIENTO CONVENCIONAL DE LA ADAPTACIÓN DEL TIEMPO DE TRABAJO Y LAS PREVISIONES SOBRE TRABAJO A DISTANCIA

A la hora de abordar el análisis de la regulación convencional de las medidas previstas en el art. 37.8 ET, es necesario realizar una distinción entre aquellas dirigidas a la adaptación de los tiempos de trabajo —reducción y adaptación de la jornada de trabajo— y las previsiones sobre el trabajo a distancia, ya que, como se ha tenido oportunidad de indicar en el apartado anterior de este trabajo, se tratan de medidas que, pese a encontrarse previstas en un mismo precepto, no se incorporan en el texto estatutario al mismo tiempo, de manera que, mientras las primeras son introducidas en el 2004 por la LOVG y toda su regulación legal se encuentra en el art. 37.8 ET, la posibilidad de cambio en la forma de trabajar se introduce mucho más tarde, con motivo de la aprobación del RD-ley 6/2019, y para su regulación se debe tener en cuenta, además de las previsiones del apartado 8 del art. 37 ET, la regulación propia sobre trabajo a distancia (LTD).

Dicho esto, cabe indicar que las previsiones referidas a la adaptación de los tiempos de trabajo, tanto en su vertiente de reducción, como de adaptación de la jornada, son las que de forma más frecuente están presentes en los convenios colectivos, lo cual, a nuestro parecer, encuentra su lógica en el hecho de que se trata de la única materia en la que se realiza una remisión legal expresa a su regulación en la negociación colectiva.

En cuanto a la concreta regulación convencional del derecho a la reducción de jornada que se reconoce a la trabajadora víctima de violencia de género, dada la generalidad con la que la ley regula este derecho, el margen de maniobra con el que cuenta la negociación colectiva para abordar su regulación es muy amplio, por lo que resulta de sumo interés conocer la respuesta que los convenios colectivos están dando al mismo. A este respecto, debemos partir de la constatación de que de los convenios colectivos que incorporan alguna referencia normativa a esta materia, la mayoría de ellos tienden, o bien a remitirse directamente a la regulación contenida en el ET[187], o a reproducir de forma más o

---

187. Vid., entre otros, Art. 82 del IX CC nacional de centros de enseñanza privada o enseñanza privada sin ningún nivel concertado o subvencionado. (BOE de 26 de mayo de 2011); Art. 48 del CC de MDL Distribución Logística, SA. (BOE de 22 de agostos de 2017); Art. 44 H) del CC de la industria azucarera. (BOE de 4 de enero de 2019); Art. 33 del CC de trabajo en Residencia de la Tercera Edad. (BOE de 18 de mayo de 2020); y, más recientemente, Art. 49 del III CC estatal de notarios y personal empleado. (BOE de 3 de julio de 2024). En el caso, por ejemplo, del IV CC nacional de universidades privadas, centros universitarios privados y centro de formación de posgraduados. (BOE de 22 de abril de 2010); del VIII CC de enseñanza y formación no reglada. (BOE de 3 de julio de 2017); del CC de Agencia Servicios Mensajería, SA. (BOE de 6 de marzo de 2018) o, más recientemente, Art. 81 del XII CC nacional de centros de enseñanza privada de régimen general o enseñanza reglada sin ningún nivel concertado o subvencionado. (BOE de 26 de julio de 2024), la remisión se realiza directamente a la LOVG.

menos literal el contenido del precepto en cuestión[188], sin realizar ninguna concreción adicional sobre la medida prevista legalmente.

Junto a este grupo de convenios colectivos mayoritario, no obstante, es posible encontrar, cada vez de forma más habitual, convenios que se detienen en la regulación de la reducción de jornada. Con respecto a este grupo de convenios, se constata que, en general, el aspecto más tratado es la fijación del límite mínimo y máximo de reducción al que se puede acoger la trabajadora. Es bastante común entre estos convenios la remisión a la regulación que se realiza sobre la reducción de jornada por guarda legal[189] o fijar expresamente la misma reducción que para dichos casos, es decir, una reducción de al menos un octavo y un máximo de la mitad de la jornada de trabajo[190]. También se incluyen, en ocasiones, otros márgenes temporales como, por ejemplo, media hora[191], entre media hora y dos tercios de la jornada[192], entre una octava parte y un máximo de tres cuartas partes[193] o varios porcentajes tales como un 50%, un 25% o un 12,5%[194] y, de forma más excepcional, algún convenio se centra en fijar un tope

---

188. Vid., por todos, Art. 29 f) del III CC estatal de instalaciones deportivas y gimnasios. (BOE de 19 de septiembre de 2014); Art. 16.4 del III CC del Grupo de Ahorro Corporación (BOE de 6 de diciembre de 2016); Art. 7 del CC de Uniprex, SAU. (BOE de 29 de junio de 2017); Art. 19.6 del CC de Caja Laboral Bancaseguros, SLU. (BOE de 9 de enero de 2018); Art. 53 del CC del Grupo Prisa Radio. (BOE de 24 de enero de 2019; y Art. 62 del CC del grupo de empresas Distribuidora Internacional de Alimentación, SA. y Dia Retail España, SAU. (BOE 15 de julio de 2020), Art. 37 VI del V CC estatal del sector de la radiodifusión comercial sonora. (BOE de 6 de diciembre de 2024); y, Art. 91 del V CC de reforma juvenil y protección de menores. (BOE de 16 de diciembre de 2024).

189. Vid, entre otros, Art. 56 a) del CC de la empresa de servicios Securitas S.A. (BOE de 18 de noviembre de 2008); Art. 14.I del CC de Grandes Almacenes (BOE de 5 de octubre de 2009); Art. 27 del CC de Telefónica Soluciones de Informática y Comunicación de España S.A.U. (BOE de 4 de enero de 2014); Art. 51.1 del CC de Prosegur BPO España, SL. (BOE de 16 de febrero de 2016); Art. 43.1 del CC de Mega 2 Servicios Integrales, SL. (BOE de 24 de agosto de 2017); Art. 52 del CC del grupo Marítima Davila, SA. (BOE de 11 de octubre de 2018); Art. 60.1 del CC de Electro Depot España, SLU. (BOE de 12 de abril de 2019); y, Art. 64.1 del CC de Telefónica Audiovisual Digital, SLU. (BOE 14 de octubre de 2024).

190. Vid., por ejemplo, Art. 35.1 del CC de Eximan, SAU. (BOE de 7 de julio de 2017); Art. 99 del CC de Ferrovial Servicios, SA, y los trabajadores adscritos al servicio de restauración y atención a bordo de los trenes. (BOE 26 de enero de 2018); Art. 41 del V CC marco del grupo Endesa. (BOE de 17 de junio de 2020); Art. 54.1 del CC de restauración colectiva. (BOE de 14 de diciembre de 2022); y, Art. 53 del CC de centros y servicios veterinarios. (BOE de 25 de octubre de 2023).

191. Art. 31 del CC de la Industria del Calzado. (BOE de 10 de abril de 2023).

192. Art. 54.1 del CC estatal del sector laboral de restauración colectiva. (BOE de 18 de junio de 2019).

193. Vid., por ejemplo, Art. 32 del CC de Outservicios de Externalización, SL. (BOE de 28 de mayo de 2018); y, Art. 48.1 del CC estatal para despachos de técnicos tributarios y asesores fiscales. (BOE de 11 de agosto de 2023).

194. Plan de Igualdad recogido en el Anexo XIII del CC de Renault España, SA. (BOE de 28 de septiembre de 2016). En este caso la reducción (de hasta el 50% de la jornada) por un período comprendido entre 6 y 12 meses. Vid. también Art. 20 del II CC de tripulantes de cabina de pasajeros de Norwegian Air Resources Spain, SL. (BOE de 15 de noviembre de 2023).

máximo[195], o bajo la fórmula de «el tiempo que se considere necesario»[196], se prevé una regulación más favorable que para otros supuestos de reducción de jornada previstos por la ley, e incluso en algún caso se deja a la voluntad de la trabajadora fijar el porcentaje de reducción[197].

En ocasiones los convenios incorporan también períodos máximos relativos a la duración de la reducción de la jornada de trabajo. Así se recoge, por ejemplo, en el Anexo XIV del actual CC de la empresa Renault España, SA.[198], en donde se establece un período de entre 6 y 12 meses como duración de la reducción de jornada a la que tienen derecho la trabajadora víctima de violencia de género y, en el Art. 34 b) del CC del Grupo Allianz[199], en el que se indica que durante un periodo máximo de 3 meses, se podrá solicitar la reducción de jornada hasta un máximo del 50% de la misma, sin disminución proporcional del sueldo. A partir del cuarto mes y hasta alcanzar un plazo máximo de un año en total (incluyendo el periodo anterior), podrá solicitarse la reducción de jornada o la reordenación del horario de trabajo, en los demás términos y condiciones generales establecidos en el convenio para la reducción de jornada por guarda legal (entre un mínimo de un octavo y un máximo de la mitad de la jornada laboral).

Este tipo de cláusulas, a nuestro parecer, limitan la potencialidad de la medida legal, ya que nada asegura que los plazos máximos de duración fijados convencionalmente resulten ser adecuados o suficientes para el caso concreto, por lo que resulta más coherente con el espíritu de la norma no fijar máximos, a fin de que la medida se pueda adaptar a las circunstancias personales de cada trabajadora. En este sentido, sólo consideramos admisible una limitación del tiempo de reducción vinculada al mantenimiento del salario completo de la trabajadora, ya que, obviamente, es la empresa la que mejor puede saber el tiempo máximo que puede asumir los costes de la reducción de jornada, pero ello no debe marcar el período máximo del derecho a reducción. A tal efecto, una fórmula alternativa puede ser que el convenio no fije duración máxima respecto al tiempo que puede reducir la trabajadora víctima de violencia de género su jornada, pero sí fije el tiempo máximo durante el que, habiéndose aplicado la reducción de jornada, la empresa se compromete a mantener la totalidad del salario.

Otros aspectos más puntuales recogidos en algún convenio consisten en la exigencia de que la reducción se realice de forma continuada o ininterrumpida[200],

---

195. Art. 34 del IV CC del personal laboral de la Agencia Estatal de la Administración Tributaria. (BOE 11 de julio de 2006), establece como tope máximo dos tercios de la jornada.

196. Vid., por ejemplo, Art. 15.2 del CC del Diario El País S.L. (BOE de 9 de julio de 2008); Art. 49.5 del XVII CC de la Industria Química. (BOE de 9 de abril de 2013); y, más recientemente, Art. 51.5 del XX CC general de la Industria Química. (BOE de 19 de julio de 2021).

197. Art. 48 del CC de Soluciones de Externalización Hotelera, SL. (BOE de 16 de mayo de 2016); Art. 48 del CC de Gold Advance Investements, SL. (BOE de 29 de abril de 2016); y, Art. 51.5 del CC general de la industria química. BOE de 8 de agosto de 2018).

198. BOE de 15 de septiembre de 2021.

199. BOE de 29 de junio de 2023.

200. Art. 34 del CC interprovincial de empresas para el comercio de flores y plantas. (BOE de 20 de octubre de 2010). Más recientemente, Art. 42 del CC nacional del ciclo de comercio de papel y

lo cual se justifica en ocasiones en las características especiales de la prestación de servicios[201]. También, de forma cada vez menos excepcional, se prevé la introducción de criterios de priorización de las peticiones de reducción de jornada a favor de las víctimas de violencia de género respecto a otras peticiones del resto de personal[202] —aunque en algún convenio también se recoge expresamente que la condición de víctima de violencia de género no es un criterio preferente de concesión[203]—, el reconocimiento de alguna mejora retributiva[204] e, incluso, en algún caso, como ya hemos indicado anteriormente, el mantenimiento del salario correspondiente a la jornada completa de trabajo de la víctima de violencia de género que solicita la reducción de su jornada durante un período de tiempo máximo[205].

Cabe señalar, también, la previsión que se menciona en algún convenio colectivo y a la que ya hemos referencia al referirnos al contenido de esta medida legal, sobre la suscripción de un Convenio especial con la seguridad social para mantener las mismas bases de cotización durante el período de reducción de jornada a fin de que no se vean afectadas las futuras prestaciones de jubilación, incapacidad permanente y muerte y supervivencia, derivadas de contingencias comunes[206]. Igualmente cabe destacar la previsión en algún convenio de una cláusula referida al cálculo de indemnizaciones en caso de supuestos de jornada reducida, entre los que se incluye la reducción de jornada de la trabajadora víctima de violencia de género, estableciéndose que el salario a tener en cuenta será el que hubiera correspondido a la trabajadora sin considerar la reducción de jornada efectuada[207].

---

artes gráficas. (BOE de 14 de agosto de 2020); y, Art. 37 del CC de la empresa Ferroser, Servicios Auxiliares, SA. (BOP de 18 de abril de 2022).

201. Así se indica en el Art. 19 del CC de tripulantes de cabina de pasajeros de Norweigian Air Resources Spain, SL. (BOE de 5 de enero de 2018) y en el Art. 33 del CC de tripulantes de cabina, de EasyJet Airline Limited, Sucursal en España. (BOE de 8 de mayo de 2019).

202. Vid., en este sentido, Art. 20 del II CC de tripulantes de cabina de pasajeros de Norwegian Air Resources Spain, SL. (BOE de 15 de noviembre de 2023).

203. En el Art. 20 del CC de Hollygood, SL. (BOE de 19 de febrero de 2019), tras fijar los criterios que determinarán la concesión de la reducción de jornada se indica expresamente que «lo antedicho, será de aplicación, aunque el/la afectado/a tenga la condición de víctima de violencia de género y víctima de terrorismo».

204. Así sucede en el XVI CC de la ONCE y su personal. (BOE de 18 de enero de 2018), en donde el Anexo III, Apartado E, si bien recoge la reducción proporcional de retribución en función de la reducción de la jornada ordinaria que solicite la trabajadora víctima de violencia de género, también establece que «adicionalmente percibirá la retribución equivalente a una hora diaria de trabajo durante el primer mes de reducción de jornada».

205. Art. 34 del IV CC del personal laboral de la Agencia Estatal de la Administración Tributaria. (BOE 11 de julio de 2006); Art. 56 del CC del sector de la banca. (BOE de 15 de junio de 2016), esta condición se sigue manteniendo en el Art. 60 del CC del sector de la banca vigente. (BOE de 30 de marzo de 2021), en donde se prevé el mantenimiento del salario por un período máximo de 6 meses.

206. Adicional II al anexo del CC del ISS Facility Services Multiservicios Integrales, SL. (BOE de 15 de junio de 2016). Más recientemente, Art. 122 del VII CC de industrias de ferralla. (BOE de 16 de febrero de 2024).

207. Art. 84.3 del CC de Alstom Transporte, SA. (BOE de 18 de abril de 2018).

Como puede observarse, el contenido regulado es ciertamente variado, pero si tenemos en cuenta el potencial regulador que ofrece el art. 37.8 ET, lo cierto es que la regulación contenida en los convenios es muy parcial. Es decir, que la concreción y la mejora de las previsiones legales no se aborda en su totalidad, siendo lo habitual que la negociación se centre en uno de los aspectos regulados por la ley, que tanto puede ser el establecimiento de los porcentajes de reducción, como la determinación de su carácter ininterrumpido, el mantenimiento de la retribución, etc.

En relación con la segunda de las medidas relativas a la adaptación del tiempo de trabajo y dentro del grupo de convenios colectivos en los que se mencionan los derechos de reordenación del tiempo de trabajo[208], son pocos los que hacen referencia a alguna concreción de las diversas manifestaciones de los mismos. No obstante, resulta interesante hacer mención a ellos, ya que sin duda pueden servir de referencia o como modelo en la negociación de futuros convenios colectivos.

De este modo, por un lado, es posible encontrar convenios colectivos en los que se prevé expresamente la posibilidad de cambios entre jornada continuada y jornada partida[209], el cambio de turno de trabajo[210], la modificación de los horarios de entrada y salida[211], o la flexibilización del momento de disfrute de las vacaciones[212], así como también la exclusión de la aplicación de

---

208. En la mayoría de los Convenios colectivos consultados la mención contenida a los derechos de reordenación del tiempo de trabajo se realiza con una referencia genérica y en muchos supuestos literal a la regulación del art. 37.8 ET. Vid., en este sentido, por ejemplo Art. 25 del CC de la empresa Cannon Hygiene, S.A. (BOE de 16 de abril de 2008); y, Art. 119 b) del III CC de la empresa Fundación Diagrama Intervención Psicosocial. (BOE de 8 de octubre de 2009); Anexo II del V CC de cadenas de tiendas de conveniencia. (BOE de 12 de noviembre de 2013); Art. 38.6 del III CC general del sector de servicios de asistencia en tierra en aeropuertos. (BOE de 21 de octubre de 2014); Art. 45.7 del CC general de trabajo de la industria textil y de la confección. (BOE de 21 de agosto de 2015); Art. 31 g) del CC de Hertz de España, SL. (BOE de 17 de noviembre de 2016); Art. 23.5 del CC de RTC Solution, SL, para sus centros de trabajo en Lugo y Bembibre (León). (BOE de 6 de junio de 2017); Art. 19.6 el CC de Caja Laboral Bancaseguros, SLU. (BOE de 9 de enero de 2018); Art. 19.9 del I CC de Quirón Prevención, SLU. (BOE de 25 de junio de 2019); y, más recientemente, Art. 40 B) del XVIII CC estatal de empresas de consultoría, tecnologías de la información y estudios de mercado y de la opinión pública. (BOE de 26 de julio de 2023).

209. Art. 30.1 d) del I CC marco del grupo de empresas E.O.N. España. (BOE de 11 de marzo de 2011); Art. 30.1 d) del CC marco del Grupo Viesgo España. (BOE de 2 de agosto de 2018); Art. 35.3 del CC del grupo Redexis Gas. (BOE de 7 de septiembre de 2022).

210. Art. 35.1 del CC de Eismann, SAU. (BOE de 7 de julio de 2017); y, Art. 110 del CC del Grupo EDP España. (BOE de 8 de marzo de 2019); Art. 43 III) del CC del grupo de Supermecados Carrefour. (BOE de 14 de junio de 2023).

211. Art. 22 del CC del Grupo Asegurador Reale. (BOE de 13 de junio de 2017) y Disposición adicional tercera. Apartado 3 del CC de Zurcí Insurance PLC, Sucursal en España, Zurich Vida, Compañía de Seguros y Reaseguros, SA y Zurich Services, AIE. (BOE de 29 de marzo de 2019).

212. Vid. Art. 88 del VIII CC de la empresa Repsol Petróleo, S.A. (BOE de 23 de octubre de 2009) y Disposición Adicional 4 del X CC de la empresa Repsol Química, S.A. (BOE de 28 de octubre de 2009). Esta misma medida se ha mantenido en posteriores convenios. También se prevé una anticipación o variación del período vacacional, por ejemplo, en el Art. 46.4 del CC de Foodvian, SL.

medidas de flexibilidad horaria por necesidades empresariales a ciertos colectivos de personas trabajadoras, entre las que se menciona a las trabajadoras víctimas de violencia de género[213]. En ciertas ocasiones, incluso se aborda el tratamiento del derecho de una manera dudosamente restrictiva, al condicionar la aplicación de una adaptación del horario o de un horario flexible a su previsión en la empresa[214], lo cual, como ya hemos indicado anteriormente, no parece que sea motivo suficiente para negar la solicitud de la trabajadora, siendo necesario probar la clara incompatibilidad de las medidas con el funcionamiento empresarial.

De igual forma, en ocasiones, se observa que los convenios colectivos, al referirse a las medidas de adaptación de la jornada de trabajo de la víctima de violencia de género, hacen mención únicamente a la reducción de jornada, omitiendo cualquier referencia a la posibilidad de una reordenación del tiempo de trabajo[215], lo cual nos lleva a plantearnos si tal ausencia debe entenderse como un mero olvido por parte de los sujetos negociadores o, si por el contrario, tal omisión es fruto de una previa constatación de la imposibilidad de adoptar medidas de este tipo en el ámbito negociador del convenio, lo cual nos plantea dudas sobre su legalidad. Otra posibilidad sería entender, teniendo en cuenta que la propia redacción del precepto plantea la duda interpretativa sobre el carácter alternativo o no de las medidas de adaptación de la jornada de trabajo —reducción de jornada o reordenación de tiempo de trabajo—, que tal opción puede adoptarse por el propio convenio colectivo, opción que en ningún caso es posible, ya que el art. 37.8 ET reconoce, en su caso, dicha elección únicamente a la trabajadora víctima de violencia de género.

También de forma muy puntual hemos identificado algún convenio que realiza una referencia al derecho a la reordenación del tiempo de trabajo con una remisión a lo dispuesto legalmente, fórmula que resulta totalmente vacía de contenido, ya que como hemos tenido oportunidad de comentar anteriormente, la regulación legal se remite a lo acordado en convenio u otro tipo de acuerdo colectivo o individual[216].

(BOE de 16 de noviembre de 2016); Art. 55 del CC de Establiments Viena, SA. (BOE de 27 de agosto de 2018); Art. 64.3 del IV CC de Centrales Nucleares Almaraz-Trillo, IAE. (BOE de 24 de enero de 2019); Art. 100 IV del CC del Grupo Viesgo España. (BOE de 13 de noviembre de 2021); Art. 48 del CC de la empresa Limpiezas Costa Calvia, SA. (BOIB de 30 de abril de 2022); y, Art. 46.7 del CC de la empresa Adecco TT, SA. ETT. (BOE de 20 de enero de 2023).

213. En el Art. 51 «in fine» del CC del grupo de marroquinería, cueros repujados y similares de Madrid, Castilla-La Mancha, La Rioja, Cantabria, Burgos, Soria, Segovia, Ávila, Valladolid y Palencia. (BOE de 12 de diciembre de 2018) se indica que «Quedan excluidas de la flexibilidad horaria todas las personas que tuviesen reducción de jornada de trabajo por cuidado de hijos, lactancia, cuidado de familiares, víctimas de violencia de género y personas con discapacidades».

214. Así se recoge en el Art. 30.1 del CC de la industria del calzado. (BOE de 29 de mayo de 2010).

215. Este es el caso del CC del grupo Marítima Davila, SA. (BOE de 11 de octubre de 2018). Vid. Art. 52 a).

216. Vid., Art. 44 H) del CC de la industria azucarera. (BOE de 4 de enero de 2019).

Finalmente, es destacable indicar que, a diferencia de la regulación convencional de la reducción de la jornada de trabajo, y reconociendo una previsión muy puntual por parte de la negociación colectiva, es posible identificar otras medidas adicionales ligadas al tiempo de trabajo no previstas por el ET y, en consecuencia, tampoco por la LOVG, que amplían el abanico de medidas protectoras de la víctima de violencia de género. Es el caso, por ejemplo, de la exención de realizar horas extraordinarias, salvo que lo solicite expresamente la trabajadora[217], la exclusión de la trabajadora víctima de violencia de género con reducción de jornada del régimen de la jornada irregular aplicable en la empresa[218], el derecho preferente a la hora de la determinación de horarios y de solicitar permisos[219], o la previsión de licencias no retribuidas[220] y retribuidas[221], normalmente ligadas a la asistencia a consulta médica o de tratamiento psicológico, estableciéndose, además, en algunos casos, la exención para las víctimas de violencia de género de tener que contar con una antigüedad mínima en la empresa[222].

En cuanto a las previsiones contenidas en los convenios colectivos relativas al paso al trabajo a distancia y, más concretamente, al paso al teletrabajo. En tanto que nos encontramos con una medida que se incorpora al texto estatutario hace relativamente poco tiempo y, a pesar del impulso que esta forma de traba-

---

217. Art. 18 del CC de Kiabi España, KSCE. (BOE de 26 de abril de 2023).

218. Art. 29 del CC de Auxiliar Logística Aeroportuaria, SA. (BOE de 22 de mayo de 2018); Art. 51 del CC del grupo de marroquinería, cueros repujados y similares de Madrid, Castilla-La Mancha, La Rioja, Cantabria, Burgos, Soria, Segovia, Ávila, Valladolid y Palencia. (BOE de 12 de diciembre de 2018).

219. Art. 105.6 del CC para las cajas y entidades financieras de ahorro. (BOE de 6 de junio de 2024).

220. Art. 52 BIS del XVIII CC general de la industria química. (BOE de 19 de agosto de 2015); Art. 60 f) CC estatal de acción e intervención social. (BOE de 3 de julio de 2015); y, Art. 30 del CC de Servigesplan, SL. (BOE de 5 de mayo de 2016). En este último caso y a diferencia del resto de personal de la plantilla, la trabajadora víctima de violencia de género no deberá contar con una antigüedad mínima para poder solicitar este tipo de permisos, exigencia que tampoco se requiere en el Art. 30 del CC de ESC Servicios Generales, SL. (BOE de 4 de abril de 2018), Art. 56 del CC general de la industria química (BOE de 8 de agosto de 2018); y, Art. 37 del CC de Logifruit, SL. (BOE de 12 de marzo de 2019).

221. Art. 47.11 del CC marco estatal para las empresas organizadoras del juego del bingo. (BOE de 19 de junio de 2015); Art. 56.2 del CC del sector de elaboradores de productos cocinados para su venta a domicilio. (BOE de 20 de diciembre de 2016); Art. 55 del CC de Establiments Viena, SA. (BOE de 27 de agosto de 2018); Art. 16.B del IV CC de Centrales Nucleares Almaraz-Trillo, IAE. (BOE de 24 de enero de 2019); Art. 38.4 del CC estatal del sector de fabricantes de yesos, escayolas, cales y sus prefabricados. (BOE de 28 de febrero de 2024); y, Art. 34 III del VIII CC sectorial estatal de cadenas de tiendas de conveniencia. (BOE de 1 de junio de 2024).

222. En este sentido, por ejemplo, el Art. 30 del CC de Servigesplan, SL. (BOE de 5 de mayo de 2016), reconoce a las víctimas de violencia de género un permiso no retribuido de cómo máximo quince días sin que para acogerse al mismo deban acreditar una antigüedad mínima de un año y el Art. 24 del CC de Ombuds Servicios, SL, Protección Castellana, SLU y UTE Thyssen. (BOE de 28 de junio de 2018) prevé un permiso no retribuido no superior a 30 días naturales sin cumplimiento del mínimo de un año de antigüedad para su disfrute para las víctimas de violencia de género, siempre que no se solicite durante los períodos de máxima actividad.

jar ha tenido a partir de la COVID-19, su regulación es escasa y cuando se incluye en los convenios su tratamiento es muy genérico, consistiendo en el reconocimiento de la posibilidad de que la trabajadora víctima de violencia de género pase total o parcialmente al trabajo a distancia, siempre que el puesto de trabajo que ocupa la trabajadora lo permita[223].

No obstante, es posible identificar ya algún convenio en el que se prevén algunas condiciones especiales para las trabajadoras víctimas de violencia de género que solicitan el paso al trabajo a distancia. Es el caso del Art. 19.3 del CC del Grupo Asegurador Reale[224], en el que al fijar los plazos de preaviso para la reversión del teletrabajo (paso del teletrabajo al trabajo presencial) se hace una excepción para el caso de trabajadoras víctimas de violencia de género, quedando exentas de su cumplimiento, adaptándose dicho plazo «a las necesidades de la empleada derivadas de dicha circunstancia» y, en el Art. 19.18 del mismo Convenio, la violencia de género se incluye como una situación especial de teletrabajo a efectos de ampliar el alcance de su aplicación.

Una regulación ciertamente interesante nos la ofrece el Art, 64.6 del CC de Telefónica Audiovisual Digital, SLU[225], en el que además de reconocer a las trabajadoras víctimas de violencia de género la posibilidad de solicitar el paso al teletrabajo que se extienda a los cinco días laborales de la semana, siempre que las características de su puesto le permitan teletrabajar, y en los términos previstos en la política de teletrabajo existente, a modo de medida alternativa se establece que si el puesto de trabajo no permitiese teletrabajar, la empresa se compromete a favorecer la posibilidad de un cambio temporal de puesto, mientras perdure la situación de violencia de género, sin que ello pueda suponer un perjuicio económico para la trabajadora víctima de violencia de género, ni implique derecho de permanencia definitiva en el puesto temporalmente reasignado a los solos efectos de procurar su protección.

Esta última propuesta nos lleva a plantear la posibilidad de hacer extensivo el procedimiento seguido en el art. 34.8 ET relativo a los derechos de conciliación de la vida familiar y personal de la persona trabajadora para los casos de violencia de género, en el sentido de establecer de forma preceptiva en el art. 37.8 ET que, en caso de que la petición solicitada por la trabajadora víctima de violencia de género relativa a la reducción, reordenación de tiempo de trabajo o al paso al trabajo a distancia o viceversa, no fuera posible, en primer lugar, se exija la motivación por parte de la empresa para la negativa a dicha petición, la cual deberá estar fundada en razones objetivas y el planteamiento de una propuesta alternativa.

---

223. Vid. Art. 35 del CC de Financiera de El Corte Inglés, EFC, SA. (BOE de 6 de mayo de 2021); Art. 111 del IV CC marco del Grupo Viesgo España. (BOE de 21 de noviembre de 2021); Art. 40 del CC sectorial de cadenas de tiendas de conveniencia. (BOE de 25 de febrero de 2022); y, Art. 30 del IV CC de la empresa Supercor, SA. (BOE de 11 de abril de 2022).

224. BOE de 30 de octubre de 2023.

225. BOE de 15 de octubre de 2024.

5. LA REGULACIÓN DEL CAMBIO DE LUGAR DE TRABAJO

A partir del estudio realizado de los convenios colectivos registrado y publicados desde la entrada en vigor de la LOVG hasta la actualidad, una primera consideración que es necesario realizar sobre este tema es la constatación del incremento progresivo que se ha ido produciendo a lo largo de los años del número de convenios que incorporan en su clausulado una referencia a este mecanismo protector. En este sentido, si realizamos una comparativa entre la regulación que se contenía sobre el cambio de centro de trabajo en los convenios colectivos aprobados durante los primeros años de aplicación de la LOVG y la de los convenios aprobados en los últimos años, se observa un incremento exponencial de las cláusulas convencionales que regulan esta materia. Ahora bien, aunque cada vez es más habitual que la regulación convencional haga referencia a este supuesto, también es necesario indicar que el tratamiento que se realiza de esta materia es bastante desigual y, en general, se opta por pasar de puntillas en su regulación.

Efectivamente, si nos detenemos a analizar el tratamiento que realizan los convenios colectivos del supuesto previsto en el art. 40.4 ET, vemos como la gran mayoría de ellos, o bien, se limitan simplemente a enumerar junto a otros mecanismo protectores que también se prevén por la norma convencional (reducción de jornada, permisos, suspensión del contrato de trabajo…) la posibilidad que tiene la trabajadora de solicitar el cambio de centro de trabajo[226], o bien, proceden a realizar una copia literal del redactado previsto en el art. 40.4 ET[227].

Los motivos que llevan a que la negociación colectiva, en no pocas ocasiones, opte por realizar un tratamiento un tanto superficial sobre esta materia, pueden ser diversos, pero entre éstos, pensamos que uno de los más importantes que justificaría esta discreta regulación del derecho de la trabajadora víctima de violencia de género a un cambio de centro de trabajo y que ya hemos apuntado anteriormente en este trabajo, podría ser la dificultad de su aplicación, si nos atenemos a las dimensiones generales de nuestro tejido empresarial, que se nutre principalmente de pequeñas y medianas empresas, las cuales no pueden

---

226. Vid., a título de ejemplo, Art. 56 del CC del sector de elaboradores de productos cocinados para su venta a domicilio. (BOE de 20 de diciembre de 2016); Art. 48 del CC de MDL Distribución Logística, SA. (BOE de 22 de agosto de 2017); Art. 33 del CC del Grupo de Bebidas Naturales. (BOE de 28 de junio de 2018); Art. 66 del CC del Grupo Importaco Frutos Secos. (BOE de 7 de mayo de 2019); Art. 15 del CC para el sector de actividades forestales. (BOE de 11 de julio de 2019); y, Art. 43.1 del IV CC estatal de las industrias, las nuevas tecnologías y los servicios del sector metal. (BOE de 12 de enero de 2022).

227. Este es el caso, entre otros, del Art. 18 del CC del Grupo Sala de Juego Orenes. (BOE de 17 de noviembre de 2016); Art. 44 del VI CC general de aparcamientos y garajes. (BOE de 17 de mayo de 2017); Art. 40 del XVII CC estatal de empresas de consultoría y estudios de mercado y de la opinión pública. (BOE de 6 de marzo de 2018); Art. 29 del CC de ámbito nacional de la fabricación de alimentos compuestos para animales. (BOE de 4 de febrero de 2019; Art. 21.3 del X CC de la empresa Supermercados Sabeco, SAU. (BOE de 6 de octubre de 2021); y, Disposición adicional séptima del V CC de Supercor, SA. (BOE de 25 de noviembre de 2024).

en su mayoría ofrecer esta medida o lo pueden hacer de una forma muy limitada, optándose, de esta forma, en los convenios, por desarrollar otras medidas legales que pueden resultar igualmente efectivas para garantizar la protección integral de la víctima y cuya concreción es más factible para las organizaciones empresariales.

A pesar de que el número de convenios colectivos que se detienen a regular esta materia con una cierta concreción no es demasiado amplio, cabe indicar que, en algunos de ellos, la regulación que se contiene es sumamente interesante y, en este sentido, nos parece que pueden ser unos referentes de enorme utilidad para ser proyectados como modelo de buenas prácticas negociales para futuros convenios que se puedan negociar, razón que nos lleva seguidamente a realizar un estudio de los mismos.

No obstante, antes de iniciar este análisis más detallado de los aspectos regulados por la normativa convencional sobre el supuesto previsto en el art. 40.4 ET y, por lo que hace referencia a lo que serían aspectos formales, al margen de la diversidad en su ubicación sistemática que ya sabemos tienen los mecanismos protectores de la trabajadora víctima de violencia de género, la terminología utilizada para englobar e identificar esta medida es también diversa, de manera que si el cambio de centro de trabajo se regula en un único precepto, junto a otros mecanismos protectores, los términos utilizados de forma más común son, con alguna matización, «trabajadoras víctimas de violencia de género»[228], «protección contra la violencia de género»[229], «protección a los/las trabajadores/as víctimas de la violencia de género»[230] y «violencia de género»[231]. Si el supuesto se regula de forma separada, tanto es posible encontrar este mecanismo protector como un apartado más de la cláusula que regula la movilidad geográfica[232], como también es posible encontrar su regulación en una cláusula específica, bajo títulos tan dispares como «violencia de género»[233], «trabajadores víctimas de violencia de género

---

228. Vid., por ejemplo, Art. 51 del CC de Prosegur BPO España, SL. (BOE de 16 de enero de 2016); Art. 55 del CC de Kiabi España KSCE, SA. (BOE de 23 de septiembre de 2017); Art. 53 del CC de ESC Servicios Generales, SL. (BOE de 4 de abril de 2018); y, Art. 29 del CC del convenio estatal de las industrias de elaboración de arroz. (BOE de 15 de enero de 2022).

229. Vid., entre otros, Art. 56 del CC del sector de la banca. (BOE de 15 de junio de 2016); Art. 99 del CC de Ferrovial Servicios, SA, y los trabajadores adscritos al servicio de restauración y atención a bordo de los trenes. (BOE de 26 de enero de 2018); y, Art. 126 del CC general de ferralla (2015-2017). (BOE de 14 de marzo de 2019).

230. Vid., a título de ejemplo, Art. 56 del CC del sector de elaboradores de productos cocinados para su venta a domicilio. (BOE de 20 de diciembre de 2016); Art. 67 del CC de Euro Depot España, SAU. (BOE de 12 de diciembre de 2017); Art. 33 del CC del Grupo Bebidas Naturales. (BOE de 28 de junio de 2018); y, Art. 66 del CC del Grupo Importaco Frutos Secos. (BOE de 7 de mayo de 2019).

231. Vid, entre otros, Art. 38 del CC de Aldeas Infantiles SOS de España. (BOE de 10 de agosto de 2016); Art. 48 del CC de MDL Distribución Logística, SA. (BOE de 22 de agosto de 2017); y, Art. 42 del CC del sector de industrias de pastas alimenticias. (BOE de 12 de febrero de 2018).

232. Vid. por todos Art. 11 del CC del grupo JD-Sprinter. (BOE de 9 de noviembre de 2017).

233. Vid. por todos Art. 71 de CC de Easyjet Handling Spain, Sucursal en España. (BOE de 3 de febrero de 2016).

o terrorismo»[234]; «movilidad geográfica por motivo de violencia de género»[235], o movilidad geográfica de la víctima de violencia de género[236]

Dejando a un lado las cuestiones formales y pasando ya a analizar el contenido de la regulación prevista en la negociación colectiva relativa al derecho al cambio de centro de trabajo reconocido a la trabajadora víctima de violencia de género, uno de los aspectos en los que se detienen los convenios y que, como ya hemos indicado, a nuestro entender, merecería una mayor matización por la ley es el referido a la preferencia que se reconoce a la trabajadora para ocupar una vacante de la empresa. A este respecto, valoramos muy positivamente la previsión de una preferencia absoluta contenida en algunos convenios a favor de la víctima de violencia de género para cubrir una vacante[237], ya que con ello se resuelven algunos de los posibles problemas de concurrencia con otras personas trabajadoras con derecho preferente a la misma vacante, como puede ser el caso de personas trabajadoras que han agotado su excedencia voluntaria (art. 46.5 ET), o personas con discapacidad para hacer efectivo su derecho de protección a la salud (art. 40.5 ET) u otros colectivos de personas trabajadoras que convencionalmente también tengan reconocido un derecho preferente, tales como personas con contratos temporales, personas trabajadoras afectadas por una movilidad funcional (art. 39 ET), con un contrato a tiempo parcial (art. 12 ET) o personal afectado por un traslado y que solicitan un reagrupamiento familiar (art. 40.3 ET).

Un ejemplo que, a este respecto, nos parece que puede ser un modelo de buena práctica empresarial es el previsto en el Art. 71.1 del CC de Easyjet Handling Spain, Sucursal en España[238], en donde, al fijar los criterios de priorización de concesión de solicitudes de vacantes en la empresa, no sólo se da solución a la concurrencia de varias solicitudes de cobertura de una vacante en función de la situación personal que justifica la petición, sino que también fijan criterios adicionales para resolver la concurrencia de las solicitudes que responden a una misma situación preferencial. En este sentido, en este convenio, una vez que se ordena la preferencia de las diferentes situaciones personales, estableciendo que

---

234. Vid. por todos Art. 32 del CC de Teleinformática y Comunicaciones, SAU. (BOE de 17 de agosto de 2016).

235. Vid., por todos, Art. 44 del VI CC general de aparcamientos y garajes. (BOE 17 de mayo de 2017).

236. Vid., por todos, Art. 17 del III CC marco estatal del sector del ocio educativo y animación sociocultural. (BOE de 22 de marzo de 2021).

237. Vid., en este sentido, por ejemplo, Cláusula 7 del I CC del Administrador de Infraestructuras Ferroviarias. (BOE de 17 de junio de 2008); Disposición adicional segunda del III CC de la empresa Cremonini Rail Ibérica, S.A. (BOE de 8 de octubre de 2009); Art. 51.2 III del CC de Acciona Airport Services, S.A. (BOE de 20 de noviembre de 2014); Art. 20 del CC de CM Serviexter, SL. (BOE de 3 de noviembre de 2016); Art. 68.1 del II CC de Menzies Aviation Ibérica, SA. (BOE de 25 de octubre de 2017); Art. 99 del CC de Ferrovial Servicios, SA, y los trabajadores adscritos al servicio de restauración y atención a bordo de los trenes. (BOE de 26 de enero de 2018); y, Art. 82 del CC del Grupo EDP España. (BOE de 8 de marzo de 2019).

238. BOE de 2 de noviembre de 2023.

la trabajadora víctima de violencia de género tiene prioridad absoluta sobre otras situaciones, como son: a) personas trabajadoras afectadas por un cierre de instalaciones o reconversión; b) por una movilidad geográfica obligatoria; c) por movilidad geográfica obligatoria de uno de los cónyuges si trabajan en la empresa; d) por ser aconsejable por prescripción médica y, e) movilidad geográfica de uno de los cónyuges de otras empresas, se indica que a igualdad de circunstancias la prioridad vendrá dada por: a) mayor antigüedad en la categoría y, b) mayor antigüedad en la empresa. En relación con el segundo procedimiento de priorización, vemos que se opta por criterios objetivos, lo cual nos lleva a plantearnos si, tal vez, en el caso de las víctimas de violencia de género, se podría partir de la gravedad de la situación que afecta a las solicitantes. Ahora bien, el problema que plantea este criterio es que su valoración tiene una gran carga de subjetividad, tanto a la hora de determinar qué situación es más grave que otra, como sobre quién debe ser el sujeto imparcial que tome la decisión de conceder la vacante[239].

Al hilo de la cuestión referida a la cobertura de la vacante, otro aspecto que merece nuestra atención es el modo en que algunos convenios colectivos se refieren al tipo de puesto de trabajo que tiene derecho a ocupar de forma preferente la trabajadora víctima de violencia de género. El art. 40.4 ET, al final del primer párrafo, señala que se tiene derecho a ocupar un puesto «del mismo grupo profesional o categoría equivalente». Pues bien, aunque la negociación colectiva en la mayoría de las ocasiones reproduce literalmente los términos de la ley, con el paso de los años se observa como en algunas ocasiones ello no sucede y, por ejemplo, sólo se hace mención «al mismo grupo profesional»[240], se sustituye la categoría equivalente por «nivel salarial equivalente»[241] o por «puesto equivalente»[242], se sustituye la referencia legal por «a ser posible con el mismo o similar nivel de responsabilidad»[243], por «de similar o igual categoría»[244], por

---

239. Vid., también, en términos similares, el Art. 54 del CC de Worldwide Flight Service, SA, Servicios Aeroportuarios de Carga. (BOE de 14 de marzo de 2024).

240. Vid., en este sentido, Art. 14 del CC para el sector de la ortopedia y ayudas técnicas. (BOE de 15 de marzo de 2016) o el Apartado 8.2 del Anexo 2 (Plan de Igualdad) del CC de Severiano Servicio Móvil, SA. (BOE de 8 de marzo de 2019); y, Art. 29 del CC nacional de las empresas y personas trabajadoras de perfumería y afines. (BOE de 26 de enero de 2023), entre otros.

241. Este es el supuesto previsto en el Apartado 3 Anexo del CC de la Compañía Española de Petróleos, SAU (CEPSA), para las refinerías de San Roque (Cádiz) y de Santa Cruz de Tenerife. (BOE de 7 de junio de 2016) y en el Art. 103 del CC de la industria textil y de la confección. (BOE de 16 de diciembre de 2021).

242. Términos recogidos en el Art. 35.2 del CC de Eismann, SAU. (BOE de 7 de julio de 2017) y, también, por ejemplo, en el Art. 36.2 del II CC de Lo Bueno Directo Servicio de Ventas, SLU. (BOE de 6 de marzo de 2019) y en el Art. 33 del CC de Servicios Dix, 2012, SL. (BOE de 4 de febrero de 2020).

243. En estos términos se refiere el Art. 60 del CC del sector de la banca. (BOE de 30 de marzo de 2021).

244. Así se ha previsto en el Art. 67.1 del CC de Euro Depot España, SAU. (BOE de 13 de diciembre de 2017), entre otros. Más recientemente, por ejemplo, en el Art. 64.4 del IV CC de Centrales Nucleares Almaraz-Trillo, IAE. (BOE de 24 de enero de 2019); y, en el Art. 37 del CC de Aldeas Infantiles SOS de España. (BOE de 28 de septiembre de 2023).

la exigencia de que la trabajadora cumpla «los requisitos de idoneidad requeridos para el puesto»[245], o que sea de «igual nivel organizativo»[246], o, simplemente, se hace mención a la «vacante» sin más[247], o a «otro puesto», sin mayor detalle[248].

La diversidad de términos que utiliza la negociación colectiva para determinar la vacante que podrá cubrir la trabajadora víctima de violencia de género, lejos de ser considerada como una peculiaridad formal sin mayor trascendencia, nos parece una cuestión sumamente importante, ya que consideramos que con ello se pueden ver modificados los márgenes de actuación que la ley marca a la empresa en este caso. A este respecto, además, consideramos que el régimen del cambio de centro de trabajo que establezcan los convenios sólo puede llevar a ampliar las posibilidades de cambio que marca el art. 40.4 ET, ya que dicha regulación actúa como suelo normativo, es decir, que un convenio debe respetar como mínimo que la trabajadora tenga reconocido un derecho preferente para la cobertura de una vacante que sea del mismo grupo profesional o categoría equivalente y, partiendo de este referente legal, el convenio puede ofrecer también cambios que superen el grupo o la categoría equivalente. De esta manera, si en un convenio encontramos referencias tales como «una vacante» o un «puesto de trabajo» sin más, o se fija como único requisito para hacerse efectiva la cobertura de esa vacante la idoneidad profesional de la trabajadora, debe entenderse que el convenio prevé una ampliación del derecho, por el contrario, si sólo se hace mención al grupo profesional o se utilizan términos como nivel salarial equivalente, similar o igual categoría, etcétera, a nuestro parecer, en ningún caso tales referencias deben interpretarse como una restricción del derecho reconocido por la ley y, por tanto, que la trabajadora no pueda optar de forma preferente a cubrir una vacante de un grupo profesional o categoría profesional equivalente. A nuestro parecer otra interpretación no es posible.

En todo caso, en relación con esta última afirmación, una explicación plausible y ajustada a derecho que justificaría porqué algunos convenios colectivos sólo utilizan como referencia de la vacante a cubrir el grupo profesional, el nivel organizativo, etcétera, sería que el sistema de clasificación previsto en el convenio utiliza estas categorías de clasificación y, que por tanto, con esta variación terminológica, lo que se busca es la adaptación concreta del art. 40.4 ET a la realidad de la organización que se regula por el convenio. A este respecto, no debemos olvidar que no es ni mucho menos excepcional encontrar convenios

---

245. Vid., por ejemplo, Art. 28 f) del III CC marco del Grupo Viesgo España. (BOE de 2 de agosto de 2018) y Disposición adicional tercera Apartado 4 del CC de Zurich Insurance PLC Sucursal en España, Zurich Vida, Compañía de Seguros y Reaseguros, SA y Zurich Services, AIE. (BOE de 29 de marzo de 2019).

246. Vid. Art. 33.2 del CC del Grupo Bebidas Naturales. (BOE de 28 de junio de 2018); y, Art. 56 del CC de Consum, Sociedad Cooperativa Valenciana. (BOE de 1 de marzo de 2019), entre otros.

247. Vid. Art. 101.3 del CC de Ferrovial Servicios, SA y los trabajadores adscritos al servicio de restauración y atención a bordo de los trenes. (BOE de 13 de septiembre de 2024).

248. En este sentido se expresa el Apartado E del Anexo del XVI CC de la ONCE y su personal. (BOE de 18 de enero de 2018).

donde se fija la clasificación profesional por niveles y no por grupos, incluso todavía, en algunos casos, es posible encontrar la referencia a las categorías profesionales. Por otro lado, no debemos olvidar que no es preceptiva la existencia de categorías equivalentes, todo lo cual puede llevar a que, si un convenio fija su clasificación profesional en base a grupos, niveles, categorías o que no se prevean categorías equivalentes, la regulación sobre cambio de centro de trabajo por motivos de violencia de género sólo contenga la referencia al grupo profesional o que el mismo se cambie por la terminología utilizada en el convenio colectivo para regular su clasificación profesional.

En relación también a esta cobertura de vacante a la que se refiere el art. 40.4 ET, otro aspecto que nos parece interesante destacar, si bien hay que indicar que sólo lo encontramos de forma puntual en algún convenio colectivo, es la referencia a un compromiso empresarial expreso, aunque sin mayores concreciones, a facilitar medidas alternativas de carácter temporal que puedan mejorar la situación de la trabajadora en aquellos supuestos en los que no exista vacante que pueda cubrir la trabajadora y hasta que pueda hacerse efectivo el cambio de lugar de trabajo[249].

Junto con la previsión de las características que deberá cumplir la vacante que pueda cubrir la trabajadora víctima de violencia de género, otro elemento importante para hacer efectivo el derecho al cambio de lugar de trabajo es el deber legal que tiene la empresa de informar de las vacantes existentes en cada momento para facilitar que se produzca dicha cobertura. A este respecto, los términos legales utilizados para referirse a esta obligación empresarial nos parecen muy genéricos, por lo que la negociación colectiva puede desarrollar un papel importante en esta cuestión, en aspectos tales como el procedimiento de comunicación que deba seguirse, es decir, la forma, el objeto y alcance, el medio de difusión, entre otros[250]. Sin embargo, este tipo de cuestiones por el momento no se afrontan con carácter general en la negociación colectiva.

Otro elemento que nos parece muy interesante que se regule por la negociación colectiva y que supone una mejora para la trabajadora víctima de violencia de género respecto a la previsión contenida en el art. 40.4 ET, es la duración máxima fijada para el cambio temporal al nuevo centro de trabajo. Recordemos que la norma establecía inicialmente una duración máxima de 6 meses, duración que se ha visto recientemente ampliada a 12 meses, pasados los cuales, la trabajadora deberá optar entre el regreso a su puesto de trabajo anterior o la continuidad en el nuevo, decayendo en este último caso la obligación de reserva de la empresa. Los convenios colectivos que se detienen en la regulación de esta cuestión han procedido a realizar una ampliación de los

---

249. Un ejemplo de este tipo lo encontramos en el Art. 34.3 del CC de Hertz España, SL. (BOE de 14 de marzo de 2024), en donde se establece que «En caso de no existir vacantes del nivel profesional equivalente en el momento de la solicitud, la empresa pondrá el máximo esfuerzo e interés en buscar con la trabajadora alternativas que, si bien no resuelvan la situación definitivamente al no existir dicha vacante, mejoren su situación hasta ese momento».

250. Vid, en este sentido FERRADANS CARAMÉS, Consuelo: «Medidas laborales...», cit. p. 113.

márgenes de duración máximo del ejercicio inicial del cambio de centro de trabajo que da derecho a la reserva del puesto de trabajo, ampliación que ha venido oscilando, normalmente, entre los ocho[251], doce [252], y dieciocho meses[253], si bien excepcionalmente en algún convenio la duración puede llegar a alcanzar los 2[254] o 3 años[255], con el mantenimiento de la correspondiente obligación empresarial de reserva del puesto de trabajo que ocupaba originariamente la trabajadora[256].

Asimismo, una cuestión mencionada anteriormente y que resulta importante debido a las dudas interpretativas que plantea es la referida a la determinación de quién es el sujeto al cual le corresponde asumir los costes económicos que se pueden derivar del cambio de centro de trabajo, en especial, cuando el mismo implica el cambio de residencia de la trabajadora víctima de violencia de género.

---

251. En el Apartado 7.8.2 del Anexo (Plan de Igualdad) del CC de Schindler,SA. (BOE de 5 de diciembre de 2016), la duración prevista es de 9 meses.

252. Vid., por ejemplo, Art. 44 del CC del Grupo Champion. (BOE de 10 de mayo de 2013); Art. 62 A del CC del grupo de empresas Dia SA y Twins Alimentación SA. (BOE de 2 de septiembre de 2016); y, Art. 50.5 b) del CC de Liberty Seguros, Compañía de Seguros y Reaseguros, SA. (BOE de 23 de enero de 2019); y, Art. 60 del CC del sector de la banca. (BOE de 30 de marzo de 2021).

253. Art. 54.2 del CC estatal del sector laboral de la restauración colectiva. (BOE de 18 de junio de 2019); y, Art. 71.1.3 del CC de Compañía Logística Acotral, SA, y Acotral Distribución Canarias, SA. (BOE de 23 de mayo de 2019).

254. Este es el caso del CC de Michelín España Portugal SA, para los centros de trabajo de Aranda de Duero (Burgos), Valladolid, Almería, Seseña (Toledo), Subirats (Barcelona) y Burgos. (BOE de 11 de febrero de 2016), en donde se fija una duración inicial de hasta 12 meses, pudiéndose prorrogar por períodos de 6 meses, hasta completar el plazo de 2 años. También en relación con la misma empresa, encontramos esta regulación en el Capítulo 5, apartado C del CC de Michelín España-Portugal, S.A. para los centros de Aranda de Duero (Burgos), Valladolid, Lasarte y Vitoria-Gasteiz. (BOE de febrero de 2012). Vid. también, por ejemplo, Disposición adicional segunda del XV CC de la ONCE. (BOE de 5 de septiembre de 2013); y, más recientemente, Apartado E.1 del Anexo del XVI CC de la ONCE y su personal. (BOE de 18 de enero de 2018).

255. Vid. Art. 14 del CC estatal para el sector de ortopedia y ayudas técnicas. (BOE de 15 de marzo de 2016); Art. 66.III del II CC estatal del comercio minorista de droguerías, herboristerías y perfumerías. (BOE de 12 de agosto 2017); Art. 44.2 del CC de CRIT Procesos Auxiliares, SL. (BOE de 31 de enero de 2018); Art. 52 b) del CC del grupo Marítima Davila, SA. (BOE de 11 de octubre de 2018); Art. 60.2 del CC de Electro Depot España, SLU. (BOE de 12 abril de 2019); Art. 67 II del CC nacional del comercio minorista de droguerías y perfumerías. (BOE de 12 de enero de 2022); y, Art. 67 del IV CC estatal del comercio minorista de droguerías y perfumerías. (BOE de 20 de diciembre de 2024).

256. En el Art. 99.3 del CC Ferrovial Servicios, SA, y los trabajadores adscritos al servicio de restauración y atención a bordo de los trenes. (BOE de 26 de enero de 2018), si bien no se fija duración máxima al cambio de centro de trabajo, prolongándose «mientras la víctima así lo precise», la reserva del puesto de trabajo de origen decae a los 12 meses a partir de la cobertura de la vacante. Esta formulación, a nuestro parecer supone, de facto, que la duración máxima inicial es de 12 meses, ya que llegado el cumplimiento de este plazo la trabajadora, como en el resto de casos en que la duración máxima es de 9 meses o 2 años, deberá decidir si se mantiene en el nuevo centro perdiendo la reserva del puesto de trabajo o vuelve a su centro de trabajo inicial. Vid., en los mismos términos Art. 101.2 del CC de Serveo Servicios, SAU, y los trabajadores adscritos al servicio de restauración y atención a bordo de los trenes. (BOE de 13 de septiembre de 2024).

Como ya hemos indicado al analizar la regulación legal de esta medida, tanto en los supuestos de traslado como de desplazamiento que se producen a instancias de la empresa, el art. 40.1 ET y el 40.6 ET prevén expresamente que sea ésta la encargada de cubrir los gastos que se derivan de dicha decisión empresarial, en los términos que se convengan entre las partes y siempre atendiendo a los mínimos previstos en convenio colectivo. Sin embargo, el supuesto que se recoge en el art. 40.4 ET no es un supuesto que se adopte a partir de una decisión unilateral de la empresa y, en tanto que la norma guarda silencio sobre esta cuestión, no nos parece adecuado extender los efectos económicos previstos para la movilidad geográfica típica a un caso en el que el cambio de centro de trabajo se produce a instancia de la trabajadora.

Ahora bien, tampoco podemos olvidar que la petición que realiza la trabajadora no es equiparable, ni mucho menos, a un supuesto de movilidad geográfica voluntaria, ya que este tipo de solicitud está motivada por la necesidad que tiene la trabajadora de hacer efectiva su protección o su derecho a la asistencia social integral, por lo que si trasladamos automáticamente los costes derivados de esta movilidad geográfica a la trabajadora, en no pocas ocasiones, la situación de la misma puede verse agravada y, en consecuencia, puede llevar a que se renuncie a hacer efectivo el derecho que se reconoce en el art. 40.4 ET y optar por otras medidas que supongan el cese del trabajo.

Por ello compartimos la opinión doctrinal que considera conveniente que al menos en los casos de cambio de residencia los gastos derivados de la movilidad geográfica se cubran a través de algún tipo de ayuda de carácter público[257] o, en caso de optar por la asunción empresarial de dichos gastos, nos parece conveniente articular algún sistema compensatorio a nivel impositivo para las empresas.

Aunque, como acabamos de señalar, no parece razonable imponer a las empresas la asunción de los costes derivados del cambio de centro de trabajo solicitado por la trabajadora víctima de violencia de género, ello no significa que la negociación colectiva no pueda prever en este supuesto ayudas económicas para hacer frente a dicha situación o incluso equiparar este supuesto a los casos de movilidad geográfica forzosa. A este respecto, cabe indicar que debemos felicitarnos por la iniciativa que han tenido algunas empresas realizando una equiparación de estos supuestos a la movilidad geográfica a iniciativa de la empresa, previendo en sus convenios colectivos la asunción de los gastos tanto propios como familiares[258]en unos casos, ayudas económicas en

---

257. Vid. ARIAS DOMÍNGUEZ, Ángel: *Protección laboral...*, cit. p. 109 y MENÉNDEZ SEBASTÍAN, Paz y VELASCO PORTERO, Teresa: *La incidencia de la violencia...*, cit. p. 97.

258. Vid, en este sentido, por ejemplo, Art. 48 del CC de Paradores de Turismos de España, S.A. (BOE de 3 de diciembre de 2008); Art. 32.1 del III CC único para el personal laboral de la Administración General del Estado. (BOE de 12 de noviembre de 2009); Art. 36.7 del CC para el personal laboral del Consejo de Administración del Patrimonio Nacional. (BOE de 23 de diciembre de 2013); Art. 65 del CC estatal del comercio minorista de droguerías, herboristerías y perfumerías. (BOE de 2 de octubre de 2014); Art. 66.II del CC estatal del comercio minorista de droguerías, herboristerías

otros[259], o de forma más puntual, permisos retribuidos[260], con la finalidad de facilitar el cambio de centro de trabajo de la trabajadora que sufre la violencia de género, lo cual nos lleva a considerar que este tipo de cláusulas convencionales son una prueba fehaciente de la progresiva concienciación y rechazo social que existe a la violencia contra las mujeres.

De igual forma, es cada vez más habitual que los convenios prevean otras medidas adicionales de carácter económico para hacer frente a los gastos derivados de cambio de domicilio, colegio de hijos e hijas, etc., así como anticipos[261] y préstamos sin intereses[262].

También son merecedoras de mención las referencias que, aunque de modo puntual, se encuentran contenidas en algunos convenios colectivos sobre el procedimiento a seguir en la tramitación del cambio de centro de trabajo ante la empresa, ya sea referida a la solicitud inicial de cambio, como a la decisión final de permanencia en el nuevo centro o retorno al antiguo[263], lo cual, a nuestro parecer, dota de mayores garantías a la efectividad de la medida protectora.

Por último, resulta interesante indicar que, aunque de forma excepcional, en algún convenio también se prevén medidas de movilidad geográfica de aplicación al agresor cuando tanto la trabajadora víctima de violencia de género, como el agresor trabajan en la misma empresa y localidad, aunque no en el mismo centro de trabajo. En este sentido se expresa el Art. 17 del III CC marco estatal

---

y perfumerías. (BOE de 12 de agosto de 2017); Art. 27 del V CC del grupo Ortiz. (BOE de 24 de noviembre de 2018); Art. 40.1 del IV CC único para el personal laboral de la Administración General del Estado. (BOE de 17 de mayo de 2019); Art.53 del CC del sector de grandes almacenes. (BOE de 9 de junio de 2023); y, Art. 67 del IV CC estatal de comercio minorista de droguerías y perfumerías. (BOE de 20 de diciembre de 2024).

259. Vid., por ejemplo, Art. 44 del CC de Repsol Lubricantes y Especialidades, SA. (BOE de 14 de mayo de 2018), en donde se prevén, por un lado, ayudas económicas para los gastos económicos ocasionados por la necesidad de alquiler de vivienda y, por otro lado, ayudas a fondo perdido y créditos puente para la compra de vivienda y Disposición adicional tercera, Apartado 7 del CC de Zurich Insurance PLC, Sucursal en España, Zurich Vida, Compañía de Seguros y Reaseguros, SA y Zurich Services, AIE. (BOE de 29 de marzo de 2019), que establece una ayuda de 150 euros brutos mensuales durante el primer año dirigido a afrontar el nuevo alquiler de vivienda o en caso de compra como ayuda para su financiación. Más recientemente, el Art. 43 IV del CC del grupo de Supermercados Carrefour. (BOE de 14 de junio de 2023), prevé el abono de 600 euros para el primer traslado.

260. Vid. Art. 56.2 del V CC de Consum Sociedad Cooperativa Valenciana. (BOE de 1 de marzo de 2019) y, más recientemente, Art. 43. IV del CC del grupo de Supermercados Carrefour. (BOE de 14 de junio de 2023).

261. Vid. por todos Art. 52 del CC del Grupo Acciona Energía. (BOE de 21 de mayo de 2024).

262. Vid. por todos Art. 53 del CC del sector de la banca. (BOE de 30 de marzo de 2021).

263. Vid., en este sentido, Art. 9 del CC de Transportes Bacoma S.A. (BOE de 18 de noviembre de 2008); Art. 46 del III CC de la empresa Fundación Diagrama Intervención Psicosocial. (BOE de 8 de octubre de 2009); Anexo V del III CC de la Sociedad Estatal de Correos y Telégrafos, SA. (BOE de 20 de enero de 2011); Art. 49.2 del CC de Altadis, SA. (BOE d 27 de junio de 2012); Art. 56 del IV CC marco del Grupo Endesa. (BOE de 13 de febrero de 2014); Art. 66 del CC estatal de las empresas de gestión y mediación inmobiliaria. (BOE de 13 de mayo de 2014); y, Art. 20 del CC de CM Serviexter, SL. (BOE de 3 de noviembre de 2016).

del sector ocio educativo y animación sociocultural[264], en donde, además de prever el derecho de movilidad geográfica para la trabajadora víctima de violencia de género se indica que «(…) si la víctima lo desea puede solicitar la movilidad geográfica del agresor».

6. EL RÉGIMEN DE SUSPENSIÓN DEL CONTRATO DE TRABAJO

Por lo que hace referencia al tratamiento que realiza la negociación colectiva del supuesto de suspensión previsto en el art. 48.8 ET, se puede concluir que, en general, se siguen las mismas pautas de actuación adoptadas en otras medidas laborales ya estudiadas hasta ahora, por lo que se puede afirmar que, tanto los convenios de empresa, como de sector, que incorporan alguna cláusula sobre suspensión del contrato, lo realizan en términos literales o muy similares a los recogidos en la ley, o mediante una remisión directa a la propia ley, por lo que no se aporta ninguna novedad aplicativa a la regulación legal[265]. No obstante, como se ha podido constatar al realizar el estudio de otras medidas laborales dirigidas a la protección de la trabajadora víctima de violencia de género, también es posible identificar, cada vez en mayor número, la existencia de convenios colectivos que muestran interés en concretar y aclarar algunas cuestiones que no menciona la ley.

Debe indicarse, sin embargo, que existen algunos aspectos de la suspensión del contrato que se regulan por convenio colectivo que, o no se ajustan a la legalidad, o bien, aun ajustándose, no son relevantes al quedar fuera del ámbito regulador de la negociación colectiva. Así sucede, por ejemplo, cuando en algún convenio encontramos supeditado el derecho de suspensión del contrato a la existencia de acuerdo entre las partes, lo que supone una clara contraven-

---

264. BOE de 22 de marzo de 2021.

265. Vid. por todos Art. 33 bis del XXI CC de Banca. (BOE de 16 de agosto de 2007); Art. 25 del CC de Empresa Cannon Hygiene, S.A. (BOE de 16 de abril de 2008); Art. 54.3 del CC de la empresa «Servigesplan, S.L». (BOE de 5 de octubre de 2009); Art. 10 del CC de Thyssenkrupp Elevadores, S.L. para los centros de Madrid y Valencia. (BOE de 5 de febrero de 2010); Art. 33.5 del VII CC de enseñanza y formación no reglada. (BOE de 29 abril de 2011); Art. 60.3 del CC de ámbito estatal del sector de contact center. (BOE de 27 de julio de 2012); Art. 28 del CC estatal de estaciones de servicios 2010-2015. (BOE de 3 de octubre de 2013); Art. 30.3 del CC de la industria del calzado. (BOE de 25 de septiembre de 2014); Art. 100 del CC general de la industria del tejido textil y de la confección. (BOE de 21 de agosto de 2015); Art. 32.3 del CC de Hertz España, SL. (BOE de 17 de noviembre de 2016); Art. 83 del CC de Hermandad Farmacéutica del Mediterráneo, Sociedad Cooperativa Limitad. (BOE de 29 de diciembre de 2017); Art. 58 c) del CC del grupo Marítima Davila, SA. (BOE de 11 de octubre de 2018); Art. 73 del I CC de Quirón Prevención, SLU. (BOE de 25 de junio de 2019); Art 87 del IV CC estatal de reforma juvenil y protección de menores. (BOE de 18 de febrero de 2021); y, Art. 91 del CC de empresas de mediación de seguros. (BOE de 15 de noviembre de 2023).

ción de la norma legal[266]; cuando se realiza la concreción de la juez que será competente para determinar las prórrogas de la suspensión[267]; cuando se fija una duración máxima, entendida a partir de la aplicación de las prórrogas, de dieciocho meses[268]; cuando en algunos convenios se establece que la situación de suspensión del contrato sitúa a la trabajadora en una situación legal de desempleo, lo cual es algo que no puede reconocer el convenio, sino la ley reguladora de la Seguridad Social, por lo que dichas referencias no aportan ningún derecho adicional a la trabajadora[269]; o, finalmente, cuando se indica que mientras la trabajadora tenga suspendido el contrato, percibiendo la prestación por desempleo, el servicio público de empleo tendrá en cuenta la situación en que se encuentra la trabajadora a la hora de exigirle el cumplimiento del compromiso de actividad[270].

En cuanto a las cuestiones reguladas por la negociación colectiva referidas a este supuesto especial de suspensión del contrato de trabajo y que consideramos complementarias a la regulación prevista por el art. 48.8 ET, encontramos, en primer lugar, supuestos adicionales de suspensión del contrato de trabajo por motivos de violencia de género. Es decir, la negociación colectiva prevé, además del supuesto especial legalmente establecido, otra suspensión adicional para estos casos[271]. Esta ampliación de supuestos de suspensión, si bien deben ser valorados positivamente, pueden resultar poco eficaces ya que plantean un problema muy importante para la trabajadora y que deriva del ré-

---

266. Vid. Art. 89 del II CC estatal de reforma juvenil y protección de menores. (BOE de 27 de noviembre de 2012); Art. 38 del CC de Aldeas Infantiles SOS de España. (BOE de 10 de agosto de 2016); Art. 88 del II CC de la Asociación Centro Trama. (BOE de 9 de abril de 2019); y, Art. 74 del II CC de la Asociación para la Gestión de la Integración Social. (BOE de 9 de julio de 2019).

267. El Art. 119 del CC de la empresa Fundación Diagrama Intervención Psicosocial. (BOE de 8 de octubre de 2009), establece que será el juez especial de violencia de género el encargado de determinar la prórroga de la suspensión del contrato.

268. En el apartado B.a) del Plan de Igualdad recogido en el Anexo del CC de Refresco Iberia, SAU, para los centros de trabajo de Oliva (Valencia) y Alcolea (Córdoba). (BOE de 21 de junio de 2019), se fija que la suspensión tiene una duración máxima inicial de 6 meses, máximo de dieciocho, lo que a nuestro parecer no se ajustaría a la interpretación extensiva que se propone realizar de la duración legal prevista para este supuesto y que es de 24 meses máximo, contando la duración máxima inicial y la suma del período máximo de prórrogas.

269. Arts. 46 y 119 del CC de la empresa Fundación Diagrama Intervención Psicosocial. (BOE de 8 de octubre de 2009).

270. Vid., en este sentido, Art. 40 del CC de mayoristas e importadores de productos químicos y de droguería, perfumería y anexos. (BOE de 21 de septiembre de 2018).

271. Vid., en este sentido, Apartado C.2) del Plan de Igualdad recogido en el Anexo del CC de Michelín España Portugal, SA, para los centros de trabajo de Aranda de Duero (Burgos), Valladolid, Almería, Seseña (Toledo), Subirats (Barcelona) y Burgos. (BOE de 11 de febrero de 2016), en el cual se establece el derecho de la trabajadora a solicitar una suspensión de 3 meses con reserva de puesto de trabajo, pasados los cuales la trabajadora se podrá acoger al régimen de suspensión previsto en el art. 48.8 ET o el Art. 55.3 del CC de Kiabi España KSCE, SA. (BOE de 23 de septiembre de 2017), en donde se prevé una suspensión inicial de 6 meses, prorrogable por otros 6 meses adicionales, a los que se añadirán las prórrogas que el juez consideren convenientes atendiendo al art. 48.6 ET.

gimen general de la suspensión del contrato de trabajo, que es la falta de retribución durante el período que dura dicha suspensión, situación que como ya hemos indicado anteriormente, no se produce en el supuesto especial de suspensión, en tanto que durante el tiempo que permanezca en suspenso el contrato la trabajadora se encuentra en situación legal de desempleo y tiene derecho a percibir dicha prestación, por lo que entendemos que esta suspensión adicional alcanzaría toda su eficacia si se acompañara de algún tipo de ayuda o compensación económica.

Otro aspecto regulado en los convenios colectivos, aunque de forma muy puntual, es el procedimiento de solicitud de la suspensión y el abono temporal del salario o de alguna ayuda para afrontar el cese temporal de la prestación de servicios. A título de ejemplo, se puede señalar el Apartado E.4 del Anexo 3 del XVI CC de la ONCE y su personal[272], en el que se elimina la obligación de preavisar a la empresa en caso de suspensión del contrato por motivos de violencia de género y se prevé el abono del importe del salario base mensual durante el primer mes de suspensión. Otro ejemplo es el previsto en la Disposición adicional tercera del CC de Zurich Insurance PLC, Sucursal en España, Zurich Vida, Compañía de Seguros y Reaseguros, SA y Zurich Services, AIE[273], en el que se apunta la posibilidad de solicitar un anticipo de salario por un período máximo de 6 meses, pagadero mensualmente.

También, de forma puntual, encontramos alguna referencia al modo de hacer efectivo el período de duración de la suspensión, es decir, que el período de suspensión se desarrolle de modo continuado o fraccionado[274]. Sobre esta cuestión se ha pronunciado también la doctrina, aunque no de forma unánime, ya que un sector doctrinal se posiciona a favor de la posibilidad de fraccionar el período inicial de suspensión del contrato, mientras que otro sector defiende el disfrute único y continuado del mismo[275].

Una buena práctica empresarial que, sin duda, es merecedora de ser destacada es la prevista en el Art. 35 del VI CC general de ferralla (2015-2017)[276], en donde se establece el compromiso de la empresa a abonar complementariamente a la prestación de la Seguridad Social un complemento hasta completar el 100% de la base reguladora de la trabajadora afectada por la suspensión.

Otro elemento a destacar en el tratamiento que realizan los convenios en el supuesto de suspensión es la utilización del término «excedencia» para regular el supuesto previsto en el art. 48.8 ET, ello puede dar lugar, en ocasiones, a confusiones respecto a los derechos efectivamente reconocidos a la trabajadora, ya que puede considerarse de forma equivocada que se tiene derecho a la sus-

---

272. BOE de 18 de enero de 2018.

273. BOE de 19 de abril de 2023.

274. En el Art. 27.5 del CC del sector de comercio de flores y plantas. (BOE de 6 de septiembre de 2018), se establece por la posibilidad de que, a opción de la trabajadora, se pueda disfrutar de forma fraccionada.

275. Vid. GARCÍA TESTAL, Elena: *Derechos de las trabajadoras…*, cit. p. 52.

276. BOE de 14 de marzo de 2019.

pensión y la excedencia en casos de violencia de género, cuando en realidad la cláusula convencional se quiere referir única y exclusivamente a la suspensión del contrato de trabajo[277].

Al hilo de esta última consideración cabe señalar, no obstante, que, en otras ocasiones, junto al derecho a la suspensión del contrato de trabajo se prevé adicionalmente un supuesto de excedencia voluntaria o forzosa para la trabajadora víctima de violencia de género, normalmente en condiciones más favorables que las previstas en el régimen general de excedencias previstas en el art. 46 ET. A este respecto, se ha podido constatar que la inclusión de un supuesto especial de excedencia para las trabajadoras víctimas de violencia de género es una práctica negocial que se empieza a introducir a partir, sobre todo, del año 2010 y, desde ese momento, cada vez resulta más habitual encontrar esta medida protectora.

En cuanto al régimen jurídico de esta excedencia especial, se puede concluir que la regulación contenida en los convenios colectivos es muy variada, y tanto podemos encontrar una regulación consistente simplemente en el reconocimiento del derecho de la trabajadora víctima de violencia de género a la excedencia[278], como una remisión al régimen de excedencia de uno de los supuestos previstos en el art. 46 ET[279], o bien, que se opte por una regulación propia de la excedencia para la protección de la víctima de violencia de género[280].

Partiendo de esta diversidad reguladora, cuando se opta por una regulación propia para estos supuestos, es posible afirmar que existen una serie de aspectos cuya regulación se encuentran habitualmente presentes en la normativa convencional. Uno de estos aspectos y, tal vez el más recurrente, es la duración

---

277. En el caso del Art. 24.5 del XIV CC de comercio de flores y plantas. (BOE de 2 de mayo de 2012), se utiliza indistintamente los términos de suspensión y excedencia para referirse al régimen jurídico de suspensión previsto en el art. 48.8 ET. En términos parecidos se expresa el Art. 14.5 del III y IV CC de empresas y centros de jardinería. (BOE de 23 de septiembre de 2013) y (BOE de 17 de julio de 2018), en donde bajo el título de «Excedencia por violencia de género» se recoge literalmente la regulación del Art. 48,8 ET. Vid. también, entre otros, Art. 28 a) del CC del grupo JD-Sprinter. (BOE de 9 de noviembre de 2017) y Art. 27.5 del CC del sector del comercio de flores y plantas. (BOE de 6 de septiembre de 2018).

278. Vid., en este sentido, Art. 38 del VI CC de Sistema a Domicilio SD 2000, SL. (BOE de 2 de enero de 2017); Art. 25 del CC de Repsol Exploración, SA. (BOE de 17 de noviembre de 2018); y, Art. 35 del CC para las empresas del sector de harinas panificables y sémolas para los años 2023, 2024 y 2025. (BOE de 3 de mayo de 2024).

279. Vid., en este sentido, Art. 70 del XIX CC de Seat, SA. (BOE de 28 de septiembre de 2016), en el que se establece que las personas víctimas de violencia de género podrán solicitar una excedencia especial con las mismas condiciones que la excedencia prevista en el art. 46.3 ET. Un ejemplo más reciente lo encontramos en el Art. 101 del CC de Compañía Logística SA, y Acotral Distribución Canarias, SA. (BOE de 23 de mayo de 2019).

280. Vid. Art. 51 del CC de Carburos Via Augusta Logistics, SL. (BOE de 16 de noviembre de 2018), y, más recientemente, Art. 21 del II CC de Redeia Insfraestructuras de Telecomunicación, SA. (BOE de 3 de octubre de 2024), en el que se prevé el derecho a solicitar una excedencia con reserva del puesto de trabajo de 6 meses. Transcurrido dicho plazo, se podrá ampliar la citada excedencia de mutuo acuerdo entre la Empresa y la persona empleada.

de la excedencia. A este respecto, los convenios establecen períodos de duración muy diversos, de 2 meses, con posibilidad de prórroga[281], de 4 meses a 4 años[282], de 3 meses a 3 años[283]; de 6 meses a un año[284] y en algunos casos, el período de duración queda abierto a las necesidades de protección de la trabajadora, utilizándose en estos supuestos términos tan genéricos como «durante un período suficiente que le permita (a la trabajadora) normalizar su situación»[285]

Otro elemento al que prestan especial atención los convenios colectivos es el tiempo que se mantiene a la trabajadora el derecho a su reserva de puesto de trabajo. En este punto en algunos convenios este derecho se mantiene durante todo el período que dura la excedencia[286], en otros el derecho se limita a los primeros 6 meses[287] o dieciocho meses[288] y, en algún convenio, el derecho de reserva de puesto de trabajo se condiciona a que la excedencia se haya prolongado por un período de tiempo mínimo[289].

Finalmente, también es posible encontrar, de forma más puntual, el reconocimiento de algún otro derecho, como el cómputo de antigüedad durante el período de excedencia[290], o la eliminación de la exigencia de un período mí-

---

281. Vid. Art. 101.4 del CC de Serveo Servicios, SAU, y los trabajadores adscritos al servicio de restauración y atención a bordo de los trenes. (BOE de 13 de septiembre de 2024).

282. Vid. Art. 18.5 del CC de Davigel España, SAU, para sus centros de trabajo de Las Palmas de Gran Canaria; Madrid, Málaga y Palma de Mallorca. (BOE de 1 de febrero de 2019).

283. Vid., por ejemplo, Art. 56 del IV CC marco del grupo Endesa. (BOE de 13 de febrero de 2014); Art. 37.3 del CC de Lidl Supermercados, SAU. (BOE de 8 de junio de 2016); y, Art. 28.3 e) del III CC marco del Grupo Viesgo España. (BOE de 2 de agosto de 2018).

284. Vid., entre otros, Art. 32 del CC del sector fabricantes de yesos, escayolas, cales y sus prefabricados. (BOE de 2 de marzo de 2016) y Art. 54.7 del CC estatal del sector laboral de restauración colectiva. (BOE de 18 de junio de 2019).

285. Vid., a título de ejemplo, Art. 22 d) del CC de la Fundación Bancaria Caixa d'Estalvis i Pensions de Barcelona «La Caixa». (BOE de 12 de febrero de 2018); y, Art. 113 del CC del Grupo EDP España. (BOE de 8 de marzo de 2019); y, Art. 113 del CC del Grupo EDP España. (BOE de 8 de marzo de 2019).

286. Art. 37 M) del VII CC estatal del sector de fabricantes de yesos, escayolas, cales y sus prefabricados. (BOE de 13 de febrero de 2019); Art. 13.3 del CC del Grupo de empresas Mercadona, SA. y Forns Valencians Forva, SA, Unipersonal. (BOE de 18 de febrero de 2019); y, Art.54.7 del CC de restauración colectiva. (BOE de 14 de diciembre de 2022).

287. Vid. Art. 30 del CC de ámbito estatal para la fabricación y comercialización de frutas y hortalizas frescas, seleccionadas, limpias, troceadas y lavadas, listas para consumir o cocinar. (BOE de 4 de enero de 2017); Art. 74 del CC de Worldwide Flight Service, SA, Servicios Aeroportuarios de Carga. (BOE de 27 de marzo de 2018); y, Art. 114.5 del IV CC único para el personal laboral de la Administración General del Estado. (BOE de 17 de mayo de 2019).

288. Vid. Art. 56 del IV CC marco del grupo de Endesa. (BOE de 13 de febrero de 2014); Art. 50 del CC de Exide Technologies España, SLU. (BOE de 7 de marzo de 2014) y, más recientemente, por ejemplo, Art. 28 e) del III CC marco del Grupo Viesgo España. (BOE de 2 de agosto de 2018).

289. Este es el caso del Art. 37.3 del CC de Lidl Supermercados, SA. (BOE de 12 de septiembre de 2022), que reconoce el derecho a incorporación con la misma categoría profesional, siempre que subsista la causa y hayan transcurrido más de 18 meses.

290. En el caso del Art. 103.8 del CC para cajas y entidades financieras de ahorro. (BOE de 10 de abril de 2018), se establece el cómputo de la antigüedad durante el primer año de excedencia. Otro

nimo de permanencia previa en la empresa para acceder a dicha situación[291]. De igual forma, algunos convenios regulan el procedimiento de solicitud de dicha excedencia[292].

Especialmente interesante nos parece la regulación que se contiene en algunos convenios colectivos que incluso prevén para la situación de excedencia algún tipo de retribución o beneficio social. En este sentido, por ejemplo, en el Art. 69 del III CC de la Sociedad Estatal de Correos y Telégrafos[293] se reconoce a la trabajadora víctima de violencia de género en situación de excedencia la percepción íntegra de su retribución durante los dos primeros meses y, en su caso, las prestaciones familiares por hijo/a a cargo. Más recientemente, en la misma línea que el convenio anterior, el Art. 114.5 del IV CC único para el personal laboral de la Administración General del Estado[294] indica que en los dos primeros meses de duración de la excedencia la trabajadora tendrá derecho a percibir las retribuciones íntegras. Finalmente, otro ejemplo en donde se reconocen otro tipo de beneficios sociales se encuentra en el Art. 103.8 del CC para las cajas y entidades financieras de ahorro[295], que prevé durante el primer año de excedencia, la posibilidad de suspender temporalmente el pago de las cuotas de amortización de los préstamos y anticipos, regulados en convenio colectivo o en pacto colectivo, de los que sea titular la trabajadora que se encuentre en situación de excedencia, así como también el mantenimiento íntegro de las aportaciones al Plan de Pensiones.

7. PREVISIONES CONVENCIONALES SOBRE LA EXTINCIÓN DEL CONTRATO DE TRABAJO

En cuanto al papel que juega la negociación colectiva en la mejora y modulación de las medidas de carácter extintivo previstas en el ET para la protección

---

ejemplo más reciente y amplio lo encontramos en el Art. 22 d) del IV CC de la Fundación Bancaria Caixa d'Estalvis i Pensions de Barcelona «La Caixa». (BOE de 7 de junio de 2024), en el que se reconoce como antigüedad la totalidad del tiempo que permanezca la trabajadora en situación especial de excedencia, una excedencia que no tiene límite temporal.

291. Vid., en este sentido, Art. 47 del CC de Worldwide Flight Service, SA, Servicios Aeroportuarios de Carga. (BOE de 27 de marzo de 2018); Art. 64.5 del IV CC de Centrales Nucleares Almaraz-Trillo, AIE. (BOE de 24 de enero de 2019); y, Art. 101.4 del CC de Serveo Servicios, SAU, y los trabajadores adscritos al servicio de restauración y atención a bordo de los trenes. (BOE de 13 de septiembre de 2024).

292. Vid, por ejemplo, Art. 99.5 del CC de Ferrovial Servicios, SA, y los trabajadores adscritos al servicio de restauración y atención de a bordo de los trenes. (BOE de 26 de enero de 2018), que indica que la excedencia deberá ser solicitada a la empresa por escrito y con una antelación de 15 días. Igual procedimiento deberá seguirse para el caso de solicitar una prórroga y para la reincorporación al puesto de trabajo.

293. BOE de 20 de enero de 2011.

294. BOE de 17 de mayo de 2019.

295. BOE de 10 de abril de 2018.

de la trabajadora víctima de violencia de género, cabe indicar que, con diferencia, es el ámbito que menos interés ha despertado en los convenios colectivos a la hora de introducir medidas complementarias a la regulación legal, de manera que las referencias a esta materia que encontramos consisten en su mayoría, o bien, en realizar una referencia general a la existencia de medidas legales vinculadas a la extinción del contrato, o bien, en la reproducción del contenido legal de estos derechos[296].

Pese a la apatía reguladora que, en general, existe en materia de extinción del contrato de trabajo, como siempre, es posible encontrar convenios que se detienen en concretar o mejorar el régimen jurídico legalmente previsto. A este respecto, una práctica negocial que se incorpora cada vez en un mayor número de convenios es la exclusión como causa genérica de extinción del contrato de trabajo de las faltas de asistencia y puntualidad en el trabajo cuando derivan de una situación de violencia de género, reconociendo su carácter justificado, además de introducir un elemento de flexibilidad en los plazos temporales que se reconocen a la trabajadora víctima de violencia de género para acreditar dichas ausencias, utilizándose para ello términos tales como «sin perjuicio de que dichas ausencias sean comunicadas por la trabajadora a la empresa con la mayor brevedad»[297]. Haciendo una interpretación extensiva de esta exclusión, consideramos que al no hacerse expresa mención al entonces vigente art. 52 d) ET en los convenios colectivos, tal exclusión no sólo puede referirse a la extinción del contrato de trabajo por causas objetivas, sino que también cabe enmarcarse entre las ausencias al trabajo que pueden dar lugar a un despido disciplinario u otro tipo de sanción, por infracción leve o grave, prevista en el régimen disciplinario de la empresa.

Asimismo, como ya hemos tenido oportunidad de apuntar al referirnos a las medidas de reordenación del tiempo de trabajo, los convenios colectivos tam-

---

296. Vid., entre otros, Apartado XII del CC de Petroquímica Española. (BOE de 28 de noviembre de 2008); Art. 14 del CC de Grandes Almacenes. (BOE de 5 de octubre de 2009); Art. 100 del CC general de trabajo de la industria textil y de la confección. (BOE de 7 de agosto de 2015); Art. 40 del CC de mayoristas e importadores de productos químicos industriales y de droguería, perfumería y anexos. (BOE de 6 de agosto de 2015); Art. 34.5 del CC de enseñanza y formación no reglada. (BOE de 3 de julio de 2017); Art. 52 d) y e) del CC del grupo Marítima Dávila, SA. (BOE de 11 de octubre de 2018); Art. 37 M) del CC del sector de fabricantes de yesos, escayolas, cales y sus prefabricados. (BOE de 13 de febrero de 2019); Art. 74 del II CC de la Asociación para la Gestión de la Integración Social. (BOE de 9 de julio de 2019); Art. 50 del CC de la empresa Districenter, SA. (BOE de 11 de marzo de 2020); Art. 103 del CC de la industria textil y de la confección. (BOE de 16 de diciembre de 2021); y, más recientemente, Art. 91 del CC de empresas de mediación de seguros. (BOE de 15 de noviembre de 2023); y, Art. 67 del IV CC estatal de comercio de minoristas de droguerías y perfumerías. (BOE de 20 de diciembre de 2024).

297. Vid., por ejemplo, Art. 38.3 del VII CC marco estatal de servicios de atención a las personas dependientes y desarrollo de la promoción de la autonomía personal (residencias privadas de personas mayores y del servicio de ayuda a domicilio). (BOE de 21 de septiembre de 2018); Apartado B. a) del Anexo del CC de Refresco Iberia, SAU para los centros de trabajo de Oliva (Valencia) y Alcolea (Córdoba). (BOE de 21 de junio de 2019); y, Art. 19.9 del I CC de Quirón Prevención, SLU. (BOE de 25 de junio de 2019).

bién introducen como permiso retribuido o no retribuido las ausencias de la trabajadora víctima de violencia de género motivadas por la realización de comparecencias policiales, judiciales, consultas médicas o tratamientos psicológicos a los que tenga que someterse, de manera que, tal y como indicábamos al inicio de este apartado, no sólo tales ausencias no serían tenidas en cuenta a efectos de despido de la trabajadora, sino que, además, en ocasiones dichas ausencias pueden incluso no suponer una rebaja en el salario a percibir por la misma[298].

Por último, otro aspecto que se regula por la negociación colectiva y que nos parece interesante apuntar es la referencia que en algunos convenios se recoge sobre la exención del cumplimiento del plazo de preaviso previsto en los casos de baja voluntaria de la empresa cuando la extinción se produce por motivos de violencia de género, excluyéndose, en estos casos, también, en ocasiones, las consecuencias económicas que se derivan de dicho incumplimiento, es decir, el descuento de la liquidación del importe del salario de un día por cada uno de retraso en el preaviso fijado[299]. En algún caso, incluso se prevé en caso de dimisión de la trabajadora víctima de violencia de género el pago de una indemnización equivalente a la prevista para los supuestos de extinción de contratos temporales[300].

8. OTRAS CLÁUSULAS CONVENCIONALES DE MEJORA

Junto a la regulación prevista por la ley dirigida a la protección de la trabajadora víctima de violencia de género en el marco de la empresa y las medidas que los convenios colectivos incorporan para concretar o mejorar dicha regulación legal, el estudio de la práctica negocial que se ha llevado a cabo desde la aprobación de la LOVG, también permite identificar diferentes cláusulas convencionales que introducen nuevos derechos a favor de las trabajadoras víctimas de violencia de género. No se trata de una práctica generalizada, pero, a nuestro parecer, resulta interesante conocer la evolución que la negociación colectiva ha tenido a lo largo del tiempo sobre esta materia, además de que estas previsiones

---

298. Vid., entre otros, Art. 47.10 del CC estatal para las empresas organizadoras del juego del bingo. (BOE de 19 de junio de 2015); Art. 56.2 del CC del sector de elaboradores de productos cocinados para su venta a domicilio. (BOE de 20 de diciembre de 2016); Art. 30 del CC de Servicios Securitas, SA. (BOE de 12 de julio de 2017); Art. 30 del CC de ESC Servicios Generales, SL. (BOE de 4 de abril de 2018); y, Art. 37 del CC de Logifruit, SL. (BOE de 12 de marzo de 2019).

299. Vid., en este sentido, Art. 14 del VI CC sectorial estatal de cadenas de tiendas de conveniencia. (BOE de 6 de julio de 2017); Art. 72 del CC del sector de empresas organizadoras del juego de bingo. (BOE de 7 de octubre de 2017); Art. 13.6 del IV CC de empresas de centros de jardinería. (BOE de 17 de julio de 2018); Art. 15.6 del CC del sector de comercio de flores y plantas. (BOE de 6 de septiembre de 2018); y, Art. 41.4 del VII del CC del grupo de Supermercados Eroski. (BOE 28 de abril de 2022).

300. Vid. Art. 56 c) del CC de la empresa Cat Handling, S.L.U. (BOPP de 4 de octubre de 2023).

se presentan, en muchas ocasiones, como buenas prácticas a tener en cuenta en futuros procesos negociadores de convenios colectivos.

Al margen de las cláusulas convencionales que introducen nuevos derechos para la trabajadora víctima de violencia, que ya han sido mencionados en apartados anteriores de este trabajo por estar relacionados con derechos laborales estudiados y que se encuentran previstos en el ET, tales como la flexibilidad en el disfrute de vacaciones o la previsión de permisos retribuidos o no, los cuales se encuentran vinculados al tiempo de trabajo, o la incorporación de excedencias especiales a las que nos hemos referido al analizar el régimen jurídico de la suspensión del contrato de trabajo, es posible identificar condiciones o derechos nuevos a favor de las víctimas de violencia de género que se prevén a lo largo de todo el desarrollo de la relación de trabajo.

En este sentido, por lo que respecta a condiciones o medidas vinculadas al estadio inicial de la relación laboral, es decir, al momento de acceso al trabajo, en algunas ocasiones, la negociación colectiva establece la priorización de la contratación de determinados colectivos de personas, fijando, en estos casos, una acción positiva a favor de las mujeres, entre las que se incluyen las mujeres víctimas de violencia de género[301]y, en algún supuesto, incluso, se prevé el paso a la contratación a jornada completa y por tiempo indefinido a fin de «dotar a la trabajadoras víctimas de violencia de género de mayor estabilidad laboral e independencia económica»[302]. También resulta interesante, y supondría una mejora desde la perspectiva del acceso al empleo[303], aunque es una cuestión escasamente desarrollada, contemplar esta situación cuando se recurra a la figura de la externalización de servicios[304].

En relación con los derechos de formación reconocidos a las personas trabajadoras, en ocasiones los convenios incluyen criterios de priorización para acceder a las acciones formativas organizadas por la empresa a favor de determinados colectivos de personas trabajadoras, haciéndose mención expresa a las trabajadoras víctimas de violencia de género. Este es el caso, por ejemplo, del Art. 89.1 del XX CC general de la industria química[305], del Art. 37 del CC de Agencias de Servicios Mensajería, SA[306] y, más recientemente, del Art. 78 del CC del sector de la banca[307].

---

301. Esta medida se incluye, por ejemplo, en el Art. 60.2 del IV CC de Centrales Nucleares Almaraz-Trillo, AIE. (BOE de 11 de febrero de 2021); en el Art. 45.8 del CC de la empresa Lagardère Travel Retail, SAU. (BOCM de 11 de junio de 2021); y, en el Art. 78 del CC de la Asociación de Atención Social Siloé. (BOPJ de 16 de marzo de 2022).

302. Vid. Art. 43.1 del CC de la UGT. (BOE de 2 de octubre de 2019).

303. Vid. FRAGUAS MADURGA, Lourdes: «El reconocimiento por la negociación colectiva...», cit. p. 288.

304. Vid. Art. 37.2 del IV CC marco del Grupo Endesa. (BOE de 13 de febrero de 2014).

305. BOE de 8 de agosto de 2018.

306. BOE de 6 de marzo de 2018.

307. BOE de 30 de marzo de 2021.

La previsión de acciones formativas, sea cual sea la situación laboral en la que se encuentre la trabajadora víctima de violencia de género (prestando servicios, con suspensión o excedencia laboral), son un instrumento fundamental para la mejora de la empleabilidad y conservación del trabajo de este colectivo y, por ello, deben valorarse muy positivamente, así como también las cláusulas convencionales que recuerdan el derecho de estas trabajadoras a recibir esa formación y, sobre todo, aquellas otras que prevén el derecho a acciones formativas de reciclaje tras su reincorporación a la empresa. Un ejemplo, en este sentido, lo encontramos en el Art. 105.9 del CC para las cajas y entidades financieras de ahorro para el período 2024-2026, en el que se indica expresamente el derecho que tiene la trabajadora víctima de violencia de género a recibir formación de reciclaje tras su reincorporación a la Entidad[308].

También en el marco de la formación en la empresa es importante destacar, aunque no sea una práctica habitual, las previsiones relativas a la programación de acciones formativas de sensibilización y de apoyo solidario a las víctimas de violencia de género. En esta línea encontramos, por ejemplo, el Art. 30.4 del CC de la UGT al señalar que «UGT a través de sus Organismos prestará especial atención al diseño e impartición de cursos de formación sobre la igualdad de trato y oportunidades entre mujeres y hombres, así como sobre prevención de la violencia de género, que se dirigirán a todo su personal»[309].

Otro aspecto regulado, cada vez más, en los convenios colectivos, es la incorporación de un conjunto de medidas dirigidas al apoyo o asistencia profesional a la trabajadora víctima de violencia de género que se materializan, según los casos, en la asignación de un o una profesional dentro de la organización para prestar el apoyo y colaboración y de gestión de las medidas laborales contenidas en la LOVG y en el correspondiente convenio colectivo[310], o bien, de forma más amplia y concreta se prevé un apoyo psicológico, médico o sanitario y jurídico a cargo de la empresa para la trabajadora que lo solicite[311].

En algunos convenios esta asistencia profesional se amplía a hijos e hijas de la trabajadora víctima de violencia de género, así como también se extiende a otras manifestaciones de violencia en el entorno familiar. Un ejemplo, en este

---

308. Vid. Art. 105.9 del CC para las cajas y entidades financieras de ahorro para el período 2024-2026. (BOE 6 de junio de 2024).

309. BOE de 2 de octubre de 2019.

310. Vid. Apartado 9 del Plan de Igualdad Anexo al CC de la Compañía de Distribución Integral Legista, SAU. (BOE de 4 de julio de 2017).

311. Vid. entre otros, Art. 48 del CC de Exide Technologies España, SLU. (BOE de 7 de marzo de 2014); Apartado 7.8.2 del Plan de Igualdad Anexo al CC de Schindler, SA. (BOE de 5 de diciembre de 2016); Art. 83. del CC de Hermandad Farmacéutica del Mediterráneo, Sociedad Cooperativa Limitada. (BOE de 29 de diciembre de 2017); Art. 67 del CC del Grupo Parcial Cepsa. (BOE de 28 de febrero de 2018); Anexo V del XVII CC de Petróleos del Norte, SA. (Petronor). (BOE de 17 de julio de 2018); Art. 28 del III CC marco del Grupo Viesgo España. (BOE de 2 de agosto de 2018); Art. 51 del CC de la Federación Estatal de Servicios de CCOO. (BOE de 26 de septiembre de 2019); Art. 25 del CC de Respsol Exploración, SA. (BOE de 17 de noviembre de 2018); y, Art. 72 del CC de Quirón Prevención, SLU. (BOE de 25 de junio de 2019).

sentido, se encuentra en el Art. 76 de II CC de Quirón Prevención, SL[312]. En donde se indica que la empresa, por medio de servicios propios o bien mediante la contratación externa de servicios especializados ofrecerá, por un lado, asesoramiento y apoyo psicológico: tanto a la víctima directa de la situación de violencia doméstica o de género como a las hijas e hijos menores de edad o discapacitados que convivan con ella. Las actuaciones en esta materia comprenderán tanto la atención y asistencia a las víctimas como las relativas a información y orientación familiar que fueran precisas para superar la situación o disminuir sus efectos. Y, por otro lado, el asesoramiento y asistencia jurídica: Tanto en el ámbito administrativo como en el civil y penal, tramitando cuantas actuaciones fueran necesarias en cada uno de los órdenes para superar la situación de violencia o disminuir sus efectos. A tal efecto se realizarán las actuaciones jurídicas que fueran necesarias para garantizar la seguridad de la víctima y de los menores, discapacitados o familiares a su cargo, así como las relativas a la adopción de las medidas provisionales tendentes a garantizar el disfrute de la vivienda familiar, la custodia de las hijas e hijos menores, la pensión alimenticia y la obtención de las prestaciones sociales correspondientes.

De forma excepcional se ha podido identificar una previsión convencional que nos parece especialmente interesante relativa al cambio de lugar de trabajo de la trabajadora víctima de violencia de género y que podría, de alguna manera, paliar las limitaciones que se acompañan a la aplicación de la movilidad geográfica atípica que viene prevista en el art. 40.4 ET. Se trata de una medida que no encajaría en la configuración de la actual medida legal, pero que tal vez podría ser una buena alternativa a ella. Nos referimos a la posibilidad de facilitar la movilidad entre empresas que tienen un único centro de trabajo e incluso para las que tienen varios centros, pero en una misma localidad. Esta previsión la encontramos en el Art. 49.1 del CC de residencias, centros de día y residencias para la atención de personas con discapacidad intelectual[313] en los siguientes términos: «De igual forma y, para hacer efectivo el derecho de movilidad geográfica y el cambio de centro de trabajo y, así contribuir a aliviar el sufrimiento ante las agresiones y colaborar en su protección, siempre a petición de la persona interesada y sin pérdida de derechos laborales se acuerda: (…) 2) Cuando este traslado de centro de trabajo no sea posible porque la empresa tienen un único centro de trabajo o porque todos están en la misma localidad o muy próximas y la medida resultaría ineficaz, se promoverán acuerdos interempresariales del sector para facilitar el traslado a una localidad y el cambio de empresa».

Asimismo, en la práctica negocial y, sobre todo, en el ámbito del sector de entidades aseguradoras y financieras, también es posible identificar un conjunto de medidas de carácter económico que consisten, principalmente, en el acceso a préstamos específicos con condiciones flexibles, normalmente sin intereses,

312. BOE de 19 de julio de 2023.
313. DOGC de 21 de septiembre de 2021.

para hacer frente a gastos derivados de la situación de violencia de género[314] o la suspensión del pago de préstamos que tenga contraídos con la empresa la trabajadora víctima de violencia de género[315]; en la concesión de anticipos o la flexibilización de su concesión sin mayores concreciones[316] o con la fijación de cuantías máximas[317]; y, finalmente, en ayudas económicas a fondo perdido por una sola vez que se conceden por las empresas a las trabajadoras por el hecho de tener la condición de víctima de violencia, como es el caso del V CC de Consum, Sociedad Cooperativa Valenciana[318], que en su Art. 57 reconoce a las trabajadoras que tengan la condición de víctimas de violencia de género el derecho a cobrar, por una sola vez, una asignación de setenta y cinco o ciento cincuenta euros al mes, en función de la gravedad de los hechos y durante un período de doce meses, a contar desde el primer día del mes natural siguiente al momento en que se acredite la situación. El percibo de la ayuda tiene una duración de un año, con independencia de la duración de la situación que justifica la misma, por lo que el importe máximo a percibir serán mil ochocientos euros, siempre y cuando la trabajadora lo siga siendo y esté en activo en la cooperativa durante los doce meses en que se percibe la paga[319].

---

314. Por ejemplo, el art. 57 del CC de para las cajas y entidades financieras de ahorro. (BOE de 10 de abril de 2018), prevé préstamos sin intereses por una cuantía máxima de seis mensualidades para hacer frente a los gastos derivados de ser víctima de violencia de género. Vid., en términos parecidos, entre otros, Art. 108 del CC marco del grupo Viesgo España. (BOE de 13 de noviembre de 2021); y, Art. 39.3 b) del VII CC del grupo Generali España. (BOE de 18 de noviembre de 2022).

315. El Art. 56 del CC del sector de la banca. (BOE de 15 de junio de 2016) establece que las trabajadoras víctimas de violencia de género que tengan préstamos en vigor, podrán suspender durante un año los pagos de las cuotas mensuales correspondientes, en los términos y condiciones que se regulen en cada Empresa.

316. Vid., en este sentido, Art. 70 del II CC nacional de servicios de prevención ajenos. (BOE de 7 de octubre de 2017); Art. 17 f) del CC de Allianz, Compañía de Seguros y Reaseguros, SA. (BOE de 18 de agosto de 2018); Apartado 5.5 del Anexo del VIX CC de Siemens, SA. (BOE de 17 de junio de 2020); y, Art. 51 del IV CC estatal de comercio minorista de droguerías y perfumerías. (BOE de 20 de diciembre de 2024).

317. En el caso del Art. 50 del CC estatal de comercio minorista de droguerías, herboristerías y perfumerías. (BOE de 12 de agosto de 2017), se fija como cuantía máxima del anticipo las tres pagas extraordinarias del año. Otro ejemplo lo encontramos en el Art. 44 del CC de ámbito estatal para el sector de entidades de seguros, reaseguros y mutuas colaboradoras con la Seguridad Social. (BOE de 1 de junio de 2017), que fija la cuantía máxima en 4 mensualidades, igual cuantía se prevé en el Art. 23 del CC del Grupo Asegurador Reale. (BOE de 13 de junio de 2017) y en el Art. 25 del CC de Liberty Seguros, Compañía de Seguros y Reaseguros, SA. (BOE de 23 de enero de 2019).

318. BOE de 18 de mayo de 2021. Vid. también, por ejemplo, Art. 53 del CC de Seguros Catalana Occidente Sociedad Anónima de Seguros y Reaseguros; Bilbao Compañía Anónima de Seguros y Reaseguros, Sociedad Anónima; Grupo Catalana Occidente Tecnolgía y Servicios, Agrupación de Interés Económico; Plus Ultra Seguros Generales y de Vida, SA, de Seguros y Reaseguros, Sociedad Unipersonal; Grupo Catalana Occidente, SA, y Grupo Catalana Occidente Gestión de Activos, SGIIC. (BOE de 27 de agosto de 2018).

319. Vid., en este sentido, Art. 32.5 del CC de Michelín España Portugal SA. para los centros de trabajo de Aranda de Duero (Burgos), Valladolid, Almería, Seseña (Toledo), Subirats (Barcelona) y Burgos. (BOE de 11 de febrero de 2016); y, más recientemente, Art. 109 del CC del Grupo EDP España. (BOE de 8 de marzo de 2019).

Para finalizar, también cabe destacar, aunque en este caso son medidas también de carácter económico, pero muy excepcionales, la previsión de mejoras voluntarias y condiciones especiales en los planes de pensiones del sistema de empleo para las trabajadoras víctima de violencia de género. En este sentido, el Art. 41 del CC de Paradores de Turismo de España, S.M.E, SA (excepto los Hoteles «San Marcos» de León y «Reyes Católicos» de Santiago de Compostela)[320] contempla entre los supuestos que da lugar a una mejora voluntaria para los casos de IT, las situaciones derivadas de lesiones por violencia de género.

En relación con el régimen de las personas partícipes de un Plan de Pensiones del sistema de empleo, el Art. 12 del Anexo que regula el Plan de Pensiones en el V CC de empresas de centro de jardinería[321], a efectos del cómputo de la antigüedad mínima para acceder como partícipe del Plan y como excepción a la regla general, se cuentan como tiempos de trabajo los períodos en los que la trabajadora cesa en el trabajo como consecuencia de ser víctima de violencia de género. En términos similares se expresa, también, el Art. 12 del Anexo que regula el Plan de Pensiones del sistema de empleo en el CC del sector de comercio de flores y plantas[322].

Por último, nos parecer sumamente interesante y útil la existencia de cláusulas convencionales relativas a la elaboración de planes de igualdad en las que se incluye como contenido mínimo obligatorio del diagnóstico de situación del Plan la materia correspondiente a la protección de la víctima de violencia de género[323]. A tal efecto, consideramos que la mejor forma de poder dotar a las víctimas de violencia de género de medidas laborales que sean efectivas para su acompañamiento y recuperación es la previsión de instrumentos que se adecúen a las necesidades reales de las trabajadoras y que puedan ser efectivamente ofrecidas por las organizaciones empresariales, siendo la realización de un diagnóstico de situación un mecanismo idóneo para ello, ya que permite ofrecer una visión real y actualizada de la problemática en cada empresa.

---

320. BOE de 9 de mayo de 2019. Vid. también Art. 13.3.1 del CC de la empresa Mataró Audiovisual. (BOP de 12 de mayo de 2022).

321. BOE de 16 de febrero de 2023. Esta misma medida ya se encuentra recogida también en el anterior Convenio Colectivo. IV CC de empresas de centro de jardinería. (BOE de 17 de julio de 2018).

322. BOE de 3 de septiembre de 2021. Esta previsión también está incluida en el anterior Convenio Colectivo del sector. (BOE de 6 de septiembre de 2018).

323. Vid., en este sentido Art. 58 del CC estatal de la industria, las nuevas tecnologías y los servicios del sector del metal. (BOE de 12 de enero d 2022).

V. VALORACIÓN FINAL Y PROPUESTAS DE FUTURO

El estudio que se ha llevado a cabo en este trabajo nos permite constatar el indiscutible avance que ha supuesto para la protección de la trabajadora víctima de violencia de género la aprobación de la LOVG. En este sentido y, si bien, no puede afirmarse que LOVG inaugure la preocupación legislativa en el ámbito laboral y de la Seguridad Social de esta materia, ya que con anterioridad a esta ley, aunque sea de forma tangencial, es posible identificar alguna referencia normativa al fenómeno de la violencia padecida por las mujeres como tales, nada se preveía en el marco normativo regulador del contrato de trabajo, por lo que la protección dispensada a la víctima de violencia de género en este ámbito se limitaba a la adopción de medidas particulares para el caso concreto, sobre la base de instituciones laborales no diseñadas para los casos de violencia de género y, por tanto, no adaptadas a esta realidad y que, bajo fórmulas interpretativas voluntaristas, buscaban dar respuesta, en la medida de lo posible, a la situación de violencia padecida por la trabajadora.

La regulación contenida en el art. 21 LOVG y su posterior traslación al ET por medio de su Disposición Adicional Séptima es, sin duda, un punto de inflexión en la regulación laboral española de la protección de la víctima de violencia de género y permite dar por superada la tradicional neutralidad normativa existente en esta materia ya que, por primera vez, se tiene en cuenta la violencia de género en la ordenación jurídica de aspectos tan importantes como la ordenación del tiempo de trabajo, el lugar de trabajo y la suspensión y extinción del contrato de trabajo.

La presencia en la LOVG de un conjunto de previsiones normativas dirigidas a la protección laboral de la víctima de violencia de género se enmarca en el novedoso y, a nuestro parecer, acertado enfoque integral del que parte la norma para abordar la violencia de género. Un fenómeno poliédrico, que ofrece diferentes ángulos desde los que se debe abordar su eliminación y que, por tanto, exige, no únicamente actuar a través de la vía represiva o sancionadora, sino que requiere del acompañamiento de otras medidas que incidan en la prevención, detección y actuación de dicha violencia. En este sentido, se constata que los efectos que se derivan de una situación de violencia de género son muchos y diversos y, por ello, es fundamental que junto a una buena tutela y asistencia social de la víctima se garantice que esa vivencia traumática no repercuta sobre otras facetas personales y profesionales de la mujer.

En este contexto se enmarca la introducción de medidas de carácter laboral dirigidas a garantizar la permanencia en el trabajo y su desarrollo de forma satisfactoria de la trabajadora víctima de violencia de género, dado el papel trascendental que juega el trabajo en nuestra sociedad, no sólo como medio principal de subsistencia, sino también como medio de integración social y desarrollo personal. A tal efecto, para la víctima de violencia de género el desempeño de un puesto de trabajo le puede permitir, por un lado, disponer de una independencia económica que resulta indispensable para afrontar la dura realidad que le toca vivir y, por otro lado, romper con el aislamiento y el riesgo de exclusión social a la que las situaciones de maltrato pueden conducir.

El mantenimiento en activo de la mujer maltratada, las relaciones sociales en el entorno laboral, la valoración de su trabajo, entre otros aspectos, son elementos que actúan de forman positiva en la víctima de violencia de género y permiten afrontar con mayores expectativas de éxito la superación de la dramática situación que vive la mujer, configurándose como un cauce de normalización de su vida, potenciando, en cierta medida, la operatividad y eficacia de otras medidas, especialmente las denominadas de tutela institucional.

En cuanto al concreto alcance de las medidas laborales previstas para la protección de la trabajadora víctima de violencia de género, el análisis realizado nos lleva a concluir que no se trata de una regulación de carácter meramente estético o menor, muy al contrario, ya que los cambios introducidos por la LOVG afectan a instituciones básicas del contrato de trabajo. Ahora bien, reconociendo la importancia de la LOVG en la protección de la trabajadora víctima de violencia de género y cuando, justamente, se cumplen ahora veinte años de su aprobación y la puesta en práctica de las medidas laborales previstas en el ET, se han podido constatar las posibilidades de desarrollo que todavía quedan por explorar en el marco jurídico-laboral. En este sentido y, tal y como hemos puesto de manifiesto a lo largo de este estudio, existen aspectos referidos a las medidas actualmente previstas en la norma laboral que, a nuestro parecer, cuentan con márgenes para su mejora, así como también se han podido identificar ámbitos en los que es posible la introducción de medidas adicionales que pueden dotar de mayor efectividad a la protección de la trabajadora víctima de violencia de género.

A este respecto, una primera consideración crítica de carácter formal que se puede realizar en relación con la práctica totalidad de las medidas previstas en el ET, es la pérdida de precisión en la determinación de su ámbito subjetivo, la cual trae causa en la progresiva extensión que se ha hecho, por parte de la norma, de muchas de las previsiones que inicialmente iban dirigidas a la protección de la trabajadora víctima de violencia de género a otros colectivos de personas trabajadoras.

Con esta apreciación, no se pretende cuestionar la opción legislativa de ampliar el ámbito subjetivo de las medidas protectoras previstas inicialmente sólo para la víctima de violencia de género, extendiéndolas a otros colectivos de personas trabajadoras. Al contrario, nos parece un acierto la adopción de todas las acciones normativas que se consideren convenientes y apropiadas para dotar de la protección que, en cada momento, necesite la persona trabajadora para afrontar situaciones de vulnerabilidad que puedan poner en peligro la estabilidad del trabajo y el empleo. Ahora bien, tal extensión normativa no puede ir en detrimento de la seguridad jurídica de las personas beneficiarias y, por ello, nos parece necesario que la norma haga un esfuerzo de concreción a la hora de determinar las personas trabajadoras que en cada caso pueden ejercitar los derechos previstos en el ET, distinguiendo claramente quién se incluye en cada uno de los colectivos a los cuales van destinadas dichas medidas.

Pasando ya al contenido de cada una de las medidas laborales previstas en el ET y, por lo que hace referencia a las relativas a la duración del contrato de trabajo, en primer lugar, cabe felicitarse por la introducción de dicha regulación con motivo de la aprobación del RD-ley 6/2019. En este sentido, la interrupción del cómputo de la duración de los contratos formativos regulados por el art. 11 ET, así como también la posibilidad, si así se acuerda por las partes contratantes, de paralizar el cómputo de la duración del período de prueba, son previsiones totalmente justificadas y razonables, ya que con ello se facilita el mantenimiento del vínculo laboral de la trabajadora víctima de violencia de género, lo cual puede contribuir de forma efectiva a su recuperación, al permitirle la reinserción en el entorno laboral, con los beneficios que ello comporta, tanto a nivel social como a nivel económico, alejándola de un panorama de empobrecimiento y riesgo de exclusión social.

Ahora bien, dicho esto, a nuestro parecer, y en relación con el régimen jurídico del período de prueba, cabe valorar la conveniencia de incorporar también, tal y como ya hizo el RD-Ley 6/2019 para el supuesto de la trabajadora embarazada, una presunción de nulidad del despido en aquellos casos en los que se produce la extinción del contrato de una trabajadora víctima de violencia de género durante el período de prueba. En este punto cabe indicar la dificultad que supone, en no pocas ocasiones, para la parte trabajadora, la aportación de indicios que puedan generar una razonable sospecha o presunción de la efectiva vulneración de los derechos fundamentales por parte de la empresa, por lo que la inclusión de una presunción en los términos que se propone, en casos de violencia de género, dotaría de mayores garantías a las trabajadoras víctimas de violencia de género al ver extinguido su contrato, ya que no sería la trabajadora la que tendría que aportar los indicios en el proceso judicial, sino que con la inversión de la carga de la prueba que supone la inclusión de dicha presunción, sería la empresa la que tendría que aportar pruebas que confirmaran que la no superación del período de prueba y, por tanto, la extinción del contrato de la trabajadora víctima de violencia de género, se produce por circunstancias objetivas y ligadas al trabajo, que nada tienen que ver con la situación de violencia de género que padece.

En cuanto a las medidas laborales dirigidas a la adaptación de la jornada de trabajo y al cambio en la forma de trabajar reguladas en el art. 37.8 ET, entre los aspectos que, a nuestro parecer, merecen ser objeto de atención en una futura reforma de la norma, se encuentran, en primer lugar, dar una nueva redacción a la regulación de esta materia para evitar las dudas interpretativas actuales relativas a la compatibilidad o no del ejercicio simultáneo de todas las medidas previstas en este precepto, si así se hace necesario para hacer efectiva la protección de la víctima de violencia de género. Esta nueva redacción debería abordar también una clarificación del tiempo máximo durante el cual se pueden prologar estas medidas y el alcance de las mismas (reducción máxima y mínima de la jornada, la posibilidad de compactación de jornadas...), así como también, en relación con el paso al trabajo a distancia o viceversa, el alcance aplicativo que tiene la LTD en estos supuestos, tanto desde la vertiente sustantiva, como procesal, determinando, en este último caso, el procedimiento judicial al que se deberá acudir en caso de que surjan discrepancias sobre el ejercicio de este derecho

Por otra parte, y aunque ciertamente es positivo que el art. 37.8 ET ofrezca un importante margen de actuación a la negociación colectiva para regular estas medidas. Sin embargo y, sin desmerecer el papel que puede jugar la negociación colectiva en sus diversas manifestaciones, a nuestro parecer, se hace necesario establecer unas pautas generales de actuación de carácter mínimo, ya que de lo contrario, las mayores o menores posibilidades del ejercicio de estos mecanismos protectores se condicionan a la sensibilidad, oportunidad y posibilidades que tengan las partes negociadoras del convenio en esta materia, produciéndose tratamientos muy desiguales entre las víctimas de violencia de género dependiendo del sector o empresa donde presten sus servicios las trabajadoras, lo que llevaría a frustrar la finalidad de estas medidas. Además, en caso de que no exista ese acuerdo colectivo, se aboca a la trabajadora a la negociación individual con la empresa, la cual siempre puede resultar más difícil y, en ocasiones, desembocar en un conflicto adicional que deba resolverse por vía judicial, solución que, dadas las circunstancias que afectan a la trabajadora, no resulta ser la solución más oportuna para afrontar la dramática situación que vive en ese momento.

En segundo lugar, consideramos que resultaría interesante, aunque sea a modo ejemplificativo, enumerar las posibles manifestaciones de la reordenación de la jornada de trabajo que abarca el art. 37.8 ET, así como también incluir expresamente la no vinculación del ejercicio de tales manifestaciones a su práctica concreta en la empresa, de manera que puedan ser efectivas siempre que resulten razonablemente compatibles con la organización productiva.

En tercer lugar, en relación con la reducción de la jornada de trabajo, se propone la introducción de un mecanismo dirigido a compensar la pérdida del salario que se produce en estos casos, lo cual podría venir por la vía del reconocimiento del derecho a la percepción de la prestación por desempleo, si bien, también como hemos apuntado en este trabajo, podría articularse con el mantenimiento del salario, compensando tal esfuerzo económico empresarial con bonificaciones en las cotizaciones de Seguridad Social u otro tipo de ventajas fiscales para la empresa.

En cuarto lugar y, también dentro de este mismo ámbito económico, debería valorarse la extensión a otras prestaciones de Seguridad Social del régimen especial que se prevé para la prestación por desempleo y que comporta, a efectos del cálculo de dicha prestación, computar las bases de cotización de la trabajadora víctima de violencia de género incrementadas en un 100% de la cuantía que le hubiera correspondido si se hubiera mantenido sin la reducción de jornada.

Finalmente, se propone explorar la posibilidad de incorporar, en el marco de los permisos retribuidos previstos en el art. 37.3 ET, unos permisos específicos para las trabajadoras víctimas de violencia de género, en la misma línea de los ya existentes con motivo de la realización de exámenes prenatales, adopción y guarda legal, que vayan destinados a facilitar la realización de las comparecencias policiales, judiciales, consultas médicas, tratamientos psicológicos, etcétera, a las que tengan que someterse.

Asimismo, cabe plantear la viabilidad de trasladar para los casos de violencia de género el procedimiento seguido en el art. 34.8 ET relativo a los derechos de conciliación de la vida familiar y personal de la persona trabajadora, estableciendo de forma preceptiva y formal, para el caso en que la empresa alegue que la adaptación de la jornada de trabajo o el cambio de forma de trabajar no es viable, que la empresa motive las razones de la imposibilidad del ejercicio de dichos derechos y que dicha motivación venga acompañada de una propuesta alternativa.

Otro ámbito en donde la LOVG incorpora medidas de protección de la víctima de violencia de género en el marco de las relaciones de trabajo es el referido al régimen jurídico de la movilidad geográfica y, a este respecto, consideramos que la previsión de una medida de estas características merece una buena acogida, ya que no es excepcional que la protección de la víctima de violencia de género requiera, en algunos casos, el distanciamiento de la localidad o de los lugares que habitualmente frecuenta la víctima de violencia de género y la regulación prevista por la LOVG favorece justamente dicho distanciamiento.

No obstante, cabe poner de manifiesto que se trata de una medida que no siempre va a ser posible hacer efectiva ya que el tejido empresarial español está conformado, principalmente, por pequeñas y medianas empresas, lo que supone que en la mayoría de los casos nos vamos a encontrar con empresas que cuentan con un único centro de trabajo, por lo que la opción del cambio de centro de trabajo no será factible.

Ahora bien, al margen de la mayor o menor efectividad real de esta medida, el estudio de su régimen jurídico nos ha permitido identificar algunas cuestiones cuya modificación podrían facilitar su aplicación práctica cuando esta sea posible. Una de ellas es dotar de una mayor concreción a los cambios de lugar de trabajo que regula la norma. A este respecto, apostamos por permitir cualquier tipo de cambio con independencia de que sea en la misma o diferente localidad y sin que sea necesario el cambio de residencia de la trabajadora. También consideramos conveniente no limitar la movilidad a los casos en que exista vacantes del mismo grupo profesional o categoría profesional equivalente, admitiendo otros cambios funcionales y, dadas las circunstancias tan graves que afectan a la trabajadora, que se fijara una preferencia absoluta en la cobertura de tales vacantes.

De igual forma, nos parece conveniente que la norma prevea expresamente la posibilidad de que la trabajadora pueda solicitar las variaciones de lugar de trabajo que necesite para facilitar su protección. Por tanto, que no se circunscriba el derecho previsto en el art. 40.4 ET a una única solicitud de cambio de lugar de trabajo y que según las circunstancias que afecten a la trabajadora en cada momento, ese cambio pueda ir variando, evidentemente, siempre que la empresa pueda ofrecerle dicha posibilidad.

También y, atendiendo a las especiales circunstancias que llevan a la trabajadora víctima de violencia de género a tomar la decisión de cambiar de centro de trabajo, se propone valorar una modulación de los efectos vinculados a la opción de permanencia que puede realizar la trabajadora en el nuevo centro de trabajo, previendo algún mecanismo legal especial como, por ejemplo, el establecimiento de un criterio de preferencia en cobertura de vacantes, que permitiera a la trabajadora poder recuperar, si así lo deseara, su antiguo puesto de trabajo. A nuestro parecer, una previsión de estas características también sería una medida que podría resultar beneficiosa para el proceso de recuperación de la trabajadora no sólo a nivel laboral, sino también a nivel emocional, ya que el cambio de localidad puede suponer la pérdida de importantes vínculos afectivos, de amistad y/o familiares, para la trabajadora víctima de violencia de género que, de esta forma, se podrían mantener o recuperar.

Otra cuestión que nos parece sumamente importante, y que requiere una concreción por parte de la norma, es la referida a los efectos económicos que se derivan de la adopción de dicha medida, tanto en relación con la retribución que deba percibir la trabajadora una vez se produce el cambio de lugar de trabajo, como también con respecto a quien debe asumir los gastos derivados de dicho cambio.

Por último, cabe apuntar que, a diferencia de las medidas de adaptación del tiempo de trabajo previstas para la trabajadora víctima de violencia de género, el art. 40.4 ET no hace ninguna mención al procedimiento judicial a seguir para la resolución de los conflictos que se puedan derivar de la aplicación de dicha medida. A tal efecto, y dado que nos encontramos ante una medida que se enmarca en la regulación de la movilidad geográfica, parece razonable pensar que deberá acudirse a la modalidad procesal especial prevista para estos casos y que viene regulada en el art. 138 LRJS, un procedimiento que, al igual que el previsto en el art. 139 LRJS para los supuestos de la adaptación del tiempo de trabajo, es de carácter urgente y de tramitación preferente. En todo caso, a fin de dotar de la mayor seguridad jurídica al procedimiento de adopción de la medida de cambio de centro de trabajo en este tipo supuestos, convendría que la norma hiciera expresa mención a dicho procedimiento judicial.

Por lo que se refiere al régimen de suspensión y extinción del contrato de trabajo, una primera propuesta a realizar referida a la suspensión del contrato consistiría en concretar la jurisdicción competente que debe ser la encargada de autorizar la prórroga de la suspensión, y también nos parece conveniente ampliar el plazo máximo inicial de suspensión y el de las prórrogas que se autoricen a fin de reducir el número de trámites a los que se ve sometida la trabajadora y el juez o la jueza competente. De igual forma, debe clarificarse la duración máxima de dicha suspensión, ya que los términos que utiliza ahora la norma dan lugar a dudas interpretativas al respecto.

Tampoco podemos olvidar los graves inconvenientes económicos que comportan a la trabajadora víctima de violencia de género optar por la suspensión del contrato de trabajo, por lo que hay que felicitarse por las previsiones de protección social que se acompañan a este tipo de cese temporal de la prestación de trabajo. No obstante, en este estudio se han apuntado algunos aspectos que podrían plantearse para su mejora, como sería la extensión del tiempo de suspensión del contrato de trabajo como período de cotización a la totalidad de las prestaciones de Seguridad Social, en especial, para el caso de la incapacidad temporal, ya que la misma puede estar muy relacionada con el maltrato que la norma pretende coadyuvar a superar. Y, de igual forma, en tanto que la prestación por desempleo sólo se percibirá en caso de que la trabajadora víctima de violencia de género cumpla con los requisitos exigidos, con carácter general, para su percepción se propone valorar, atendiendo a la especial situación que afecta a la trabajadora víctima de violencia de género, la flexibilización de los requisitos exigidos para ser beneficiaria de la misma, a fin de que le permita conseguir una protección económica adecuada sin acentuar su desamparo y la gravedad de las circunstancias que le afectan.

Junto a la suspensión del contrato de trabajo prevista en el art 48.8 ET, se propone explorar las posibilidades que puede ofrecer incluir, como vía complementaria, la previsión de un supuesto de excedencia laboral especial en casos de violencia de género que, tomando como referencia el régimen jurídico de la excedencia para el cuidado de hijos e hijas u otros familiares, pudiera permitir a la trabajadora víctima de violencia de género mantener el vínculo laboral en aquellos casos en los que la duración máxima de la suspensión del contrato resultara insuficiente en su proceso de recuperación, configurándose, de esta forma, la excedencia laboral, como una alternativa a la rescisión del contrato de trabajo.

En cuanto al régimen de extinciones, consideramos que las medidas introducidas por la LOVG son ciertamente oportunas y por su configuración permiten, en gran medida, alcanzar de forma efectiva la finalidad pretendida. Ahora bien, como sucede con respecto a las medidas anteriores, existen aspectos en su regulación que pueden dar lugar a algunas dudas interpretativas o que, indirectamente, pueden provocar algún perjuicio a la propia trabajadora. En este sentido, cabe señalar la falta de concreción existente sobre el procedimiento que debe seguir la trabajadora víctima de violencia de género en el caso que decida extinguir su contrato de trabajo y, por tanto, si debe comunicar o no con antelación la rescisión del contrato y qué sucede en caso de incumplimiento del preaviso. De igual forma, cabe plantearse la conveniencia de prever un derecho de reingreso preferente en la empresa una vez superada la situación que da lugar a la extinción del contrato de trabajo.

También nos parece oportuno, una vez eliminada la causa de absentismo laboral como causa de extinción del contrato de trabajo por causas objetivas (art. 52.1 d) ET), que se recoja expresamente la imposibilidad de que las ausencias al trabajo, por motivos relacionados con la situación de víctima de violencia de género que padece la trabajadora, puedan tenerse en cuenta a efectos de despido disciplinario.

Junto al análisis de la regulación legal de las medidas laborales que ofrece nuestro ordenamiento jurídico a la víctima de violencia de género, en este estudio, como no podía ser de otra manera, se ha procedido también a realizar el correspondiente análisis del tratamiento que realiza la negociación colectiva sobre esta materia. A este respecto, y como ya hemos tenido oportunidad de indicar al inicio de este trabajo, no podemos olvidar que, en el marco de las relaciones de trabajo, la regulación de las mismas no se desarrolla únicamente y, en ocasiones, ni principalmente, a través de las fuentes normativas heterónomas, sino que, junto a ellas, las fuentes autónomas (principalmente convenios colectivos) juegan un papel preponderante, por lo que en base a las posibilidades reguladoras que ofrece en este ámbito la negociación colectiva se hacía necesario conocer la respuesta que ha ofrecido hasta el momento el convenio colectivo en esta materia, lo que nos ha permitido identificar buenas prácticas negociales que pueden servir de referencia para la negociación de futuros convenios colectivos, e incluso, como posibles propuestas de *lege ferenda*.

El análisis realizado de la práctica negocial llevada a cabo durante estos últimos veinte años relativa a la protección de la víctima de violencia de género nos ha permitido constatar que se trata de una materia que, de forma progresiva, ha ido ganando espacio en los convenios colectivos, si bien sigue habiendo un importante número de convenios en los que todavía no se encuentra presente esta materia. Por otra parte, también debe señalarse que el tratamiento que recibe la protección de la víctima de violencia de género en el marco convencional no es, ni mucho menos, homogénea y, tanto es posible identificar convenios en los que se hacen efectivas las funciones de complementariedad y suplementariedad que tienen reconocidos, previendo concreciones y mejoras de las previsiones contenidas en el ET, como convenios que se limitan a reproducir, en el mejor de los casos, lo ya previsto por la ley.

A fin de promover la regulación convencional de esta materia, a nuestro parecer, resulta fundamental, por un lado, seguir potenciando las acciones de sensibilización y de formación en el ámbito de las organizaciones sindicales y empresariales, en tanto que son las encargadas de llevar a cabo los procesos de negociación de los convenios colectivos, y, por otro lado, garantizar la presencia equilibrada de mujeres y hombres en dichos procesos negociadores, ya que la presencia de mujeres en las mesas negociadoras de los convenios colectivos facilita la promoción de objetivos feministas relativos a la mejora de las condiciones laborales.

Por otra parte, no debemos olvidar que, junto al convenio colectivo, desde el año 2007, con motivo de la aprobación de la LOI, contamos con un instrumento convencional específico para la implementación de políticas de igualdad en la empresa, que es el Plan de Igualdad, el cual puede perfectamente incorporar medidas para la protección de la trabajadora víctima de violencia de género. A tal efecto, la adopción de medidas en esta materia a partir de la realización de un diagnóstico previo de situación de la empresa puede permitir incorporar acciones que se ajusten mejor a la realidad y las necesidades de las trabajadoras y, en consecuencia, contar con las medidas que puedan ser más efectivas para su protección. No obstante, dicho esto, también debemos recordar que, por un lado, la protección de la trabajadora víctima de violencia de género no se encuentra entre el contenido mínimo que conforma el diagnóstico de situación de la empresa, por lo que deberá incorporarse a iniciativa de la comisión negociadora del Plan y, en segundo lugar, el Plan de igualdad es una medida cuya elaboración no es preceptiva para todas las empresas, sino únicamente para aquellas que cuentan con una plantilla de como mínimo 50 personas trabajadoras, lo que en la práctica supone que la mayoría de empresas españolas se encuentran exentas de esta obligación, lo cual no significa que no se pueda adoptar de forma voluntaria, si bien, en este último caso, no pueden obviarse, tampoco, las dificultades técnicas que para empresas de pequeñas dimensiones puede suponer abordar un proyecto de tal magnitud.

Pasando ya a la valoración concreta del contenido que nos ofrece la negociación colectiva, en primer lugar, y en relación con la sistemática seguida en los convenios para regular la materia, nos parece que una buena fórmula para su regulación es la consistente en la previsión de esta materia en un único artículo o apartado de forma monográfica. Esta sistemática es la que ofrece un tratamiento más homogéneo, unificado y amplio de las medidas que se prevean en el texto convencional, además de facilitar el conocimiento a la víctima de violencia de género de cuál es el programa de medidas que se contemplan en la empresa.

En relación con la determinación del ámbito subjetivo de las medidas previstas en los convenios cabe indicar que, la mayoría de ellos se limitan a realizar una remisión a las previsiones contenidas en la LOVG, o a la reproducción de los términos de la ley. En todo caso, si se opta por la reproducción de lo establecido en la ley hay que asegurarse de que dicha remisión se realice atendiendo a la regulación vigente en cada momento, ya que, en algunas ocasiones, los convenios, al referirse a los instrumentos de acreditación de la condición de víctima de violencia de género, siguen refiriéndose a la redacción originaria del art. 23 LOVG, sin tener en cuenta la ampliación realizada por el RD-ley 9/2018, lo que puede dar lugar a confusiones y errores fácilmente evitables. Cabe indicar, también que, de forma puntual, algunos convenios se muestran flexibles en cuanto a los medios de acreditación de la situación de violencia de género. Tales prácticas son bien recibidas, pero debe recordarse que las mismas sólo se podrán circunscribir a acciones protectoras aplicables al ámbito privado de la relación de trabajo, ya que la extensión de tal ámbito a derechos que han de ser reconocidos por organismos públicos, como los Servicios Públicos de Empleo o la Seguridad Social, se encuentra fuera del alcance del convenio colectivo.

Por lo que respecta a condiciones o medidas vinculadas al estadio inicial de la relación laboral, es decir, al momento de acceso al trabajo, una buena práctica convencional identificada es la previsión, en relación con la priorización de la contratación de determinados colectivos de personas trabajadoras, de una acción positiva a favor de las mujeres víctimas de violencia de género. También resulta interesante, aunque es una cuestión escasamente desarrollada y que también podría suponer una mejora desde la perspectiva del acceso al empleo, contemplar esta misma priorización cuando se recurre a la figura de la externalización de servicios.

En relación con los derechos de formación reconocidos a las personas trabajadoras, en ocasiones los convenios incluyen criterios de priorización para acceder a las acciones formativas organizadas por la empresa a favor de determinados colectivos de trabajadores y de trabajadoras, haciéndose mención expresa a las trabajadoras víctimas de violencia de género.

La incorporación de acciones formativas, sea cual sea la situación en la que se encuentre la trabajadora víctima de violencia de género (prestando servicios, con suspensión del contrato o en excedencia laboral), nos parece una medida fundamental, tanto para mejorar su empleabilidad, como para garantizar la conservación de su puesto de trabajo y, por ello, debe valorarse muy positivamente, así como también las cláusulas convencionales que recuerdan el derecho que tienen estas trabajadoras a recibir esa formación y, sobre todo, aquellas que prevén el derecho a acciones formativas de reciclaje tras su reincorporación en la empresa.

También en el marco de la formación es importante destacar, aunque no sea una práctica demasiado habitual, la programación de acciones formativas de sensibilización y de apoyo solidario por parte de las empresas.

En cuanto a buenas prácticas negociales que hemos podido identificar en materia de tiempo de trabajo y que nos parecen interesantes destacar, a efectos de que se puedan tener en cuenta tanto a nivel legal, como respecto a la negociación de futuros convenios colectivos, cabe destacar, en relación con la reducción de jornada de trabajo, la posibilidad de compactación de dicha reducción, la fijación de criterios de priorización a favor de la víctima de violencia de género respecto a las peticiones del resto de personal de la empresa y el mantenimiento de la retribución sin disminución proporcional en función de la reducción solicitada por la trabajadora.

Por lo que respecta a las medidas convencionales sobre reordenación del tiempo de trabajo se prevén cambios de jornada continuada a jornada partida, cambios de turno de trabajo, la modificación del horario de entrada y salida del trabajo, la flexibilización del momento del disfrute de las vacaciones, la exclusión de la aplicación de medidas de flexibilidad horaria por necesidades empresariales y de las jornadas irregulares, la exención de la realización de horas extraordinarias, la priorización de la trabajadora víctima de violencia de género a la hora de solicitar cambios de horarios y permisos, en general, la previsión de licencias retribuidas o no vinculadas a la asistencia a consultas médicas, tratamientos psicológicos u otras acciones dirigidas a la protección integral de la víctima.

En cuanto a la regulación relativa a la movilidad geográfica nos parece interesante señalar la previsión consistente en la priorización absoluta de la cobertura de vacantes en la empresa a favor de la trabajadora que tiene la condición de víctima de violencia de género respecto a otras solicitudes realizadas por el resto de personal de la misma, la ampliación de las posibilidades de cobertura de vacantes a otros puestos de trabajo que no prevé la norma, la ampliación del período máximo de duración inicial del cambio de lugar de trabajo con la correspondiente garantía de reserva del puesto de trabajo originario y la asunción por parte de la empresa de los gastos derivados del cambio de lugar de trabajo, en ocasiones equiparando este supuesto al de un traslado a iniciativa de la empresa.

También resulta destacable la previsión de supuestos de movilidad funcional de la trabajadora, un supuesto que en algunos convenios se incorpora tácitamente al regular la movilidad geográfica y al ampliar las vacantes que puede ocupar la trabajadora víctima de violencia de género.

De forma excepcional se ha podido identificar una previsión convencional que nos parece especialmente interesante relativa, también, al cambio de lugar de trabajo de trabajadora víctima de violencia de género y que podría, de alguna manera, paliar las limitaciones que se acompañan a la aplicación de la movilidad geográfica atípica que viene prevista en el art. 40.4 ET. Se trata de una medida que no encajaría en la configuración de la actual medida legal, pero que tal vez podría ser una buena alternativa a ella. Nos referimos a la posibilidad de promover acuerdos interempresariales de sector que faciliten, a petición de la trabajadora víctima de violencia de género y sin pérdida de derechos laborales, la movilidad entre empresas que tienen un único centro de trabajo e incluso para las que tienen varios centros, pero en una misma localidad.

Como medidas complementarias a la regulación legal de la suspensión del contrato que merecen ser destacadas se encuentran la previsión del procedimiento de solicitud de la suspensión del contrato, el abono temporal del salario o de alguna ayuda dirigida a afrontar el cese temporal de la prestación de servicios por parte de la empresa y la posibilidad de fraccionar los tiempos de suspensión del contrato, aunque, sobre esta última medida, la doctrina se encuentra dividida sobre la viabilidad legal de aplicar un sistema de disfrute fraccionado de la suspensión del contrato.

Especialmente destacable es la regulación de un supuesto especial de excedencia laboral, una medida que permite dar continuidad al cese temporal del contrato cuando se agota el plazo máximo de duración de la suspensión del contrato, aunque es evidente que las condiciones laborales de esta medida son mucho menos favorables para la trabajadora, dado los efectos económicos que se acompañan a la situación de excedencia. Entre los elementos a destacar de la regulación prevista en los convenios sobre este tipo especial de excedencia se encuentran, la eliminación de la exigencia de un mínimo de antigüedad para solicitar este derecho, la reserva del puesto de trabajo, el cómputo del tiempo de excedencia a efectos de antigüedad y, aunque de forma muy excepcional, en algún caso se prevé temporalmente algún tipo de retribución o beneficio social.

Por lo que se refiere a buenas prácticas negociales sobre la extinción del contrato de trabajo, cabe destacar la exclusión, como causa genérica de extinción del contrato de trabajo, de las faltas de asistencia y puntualidad en el trabajo cuando derivan de una situación de violencia de género, reconociendo su carácter justificado, además de introducir un elemento de flexibilidad en los plazos temporales que se reconocen a la trabajadora víctima de violencia de género para acreditar dichas ausencias.

Asimismo, como ya hemos tenido oportunidad de apuntar al referirnos a las medidas de reordenación del tiempo de trabajo, los convenios colectivos también introducen como permiso retribuido o no, las ausencias de la trabajadora víctima de violencia de género motivadas por la realización de comparecencias policiales, judiciales, consultas médicas o tratamientos psicológicos a los que tenga que someterse, de manera que, no sólo tales ausencias no serían tenidas en cuenta a efectos de despido de la trabajadora, sino que, además, en ocasiones dichas ausencias podrían incluso no suponer una rebaja en el salario a percibir por la misma.

En cuanto a la extinción del contrato a iniciativa de la trabajadora víctima de violencia de género, merece una valoración positiva la exención expresa que se incorpora en algunos convenios del cumplimiento del preaviso y, en caso de preverse dicho preaviso, la eliminación de los efectos económicos de su incumplimiento. Especialmente interesante resulta el acompañamiento de una indemnización en estos casos de extinción y que, de forma puntual, también se ha podido identificar en algún convenio colectivo.

Por lo que hace referencia a lo que podríamos calificar como medidas de carácter asistencial, nos parece especialmente relevante destacar la progresiva incorporación de un conjunto de medidas dirigidas al apoyo o asistencia profesional a la trabajadora víctima de violencia de género que se concretan, según los casos, en la asignación de un o una profesional dentro de la organización para prestar el apoyo y colaboración y de gestión de las medidas laborales contenidas en la LOVG y en el correspondiente convenio colectivo, o bien, de forma más amplia, se prevé un apoyo psicológico, médico o sanitario y jurídico a cargo de la empresa para la trabajadora que lo solicite.

De igual forma, en la práctica negocial y, sobre todo, en el ámbito del sector de entidades aseguradoras y financieras, también es posible identificar un conjunto de medidas de carácter económico que se concretan, principalmente, en el acceso a préstamos específicos con condiciones flexibles, normalmente sin intereses, para hacer frente a gastos derivados de la situación de violencia de género, o la suspensión del pago de préstamos que tenga contraídos con la empresa la trabajadora víctima de violencia de género; en la concesión de anticipos o la flexibilización de su concesión sin mayores concreciones, o con la fijación de cuantías máximas; y, finalmente, en ayudas económicas a fondo perdido por una sola vez que se conceden por las empresas a las trabajadoras por el hecho de tener la condición de víctima de violencia, o ayudas económicas destinadas a sufragar gastos concretos, como el alquiler o compra de vivienda.

Otras medidas económicas interesantes a destacar, aunque tengan un carácter muy excepcional, son las consistentes en la previsión de mejoras voluntarias y de condiciones especiales en los planes de pensiones del sistema de empleo para las trabajadoras víctima de violencia de género.

Finalmente, nos parece sumamente interesante y útil la existencia de cláusulas convencionales relativas a la elaboración de planes de igualdad en las que se incluyen como contenido mínimo obligatorio del diagnóstico de situación del Plan la materia correspondiente a la protección de la víctima de violencia de género. Tal y como ya hemos apuntado en diferentes apartados de este trabajo, consideramos que la mejor forma de poder dotar a las víctimas de violencia de género de medidas laborales que sean efectivas para su acompañamiento y recuperación, es la previsión de instrumentos que se adecúen a las necesidades reales de las trabajadoras y que puedan ser efectivamente ofrecidos por las organizaciones empresariales, siendo la realización del diagnóstico de situación del Plan de Igualdad un mecanismo idóneo para ello, ya que permite ofrecer una visión real y actualizada de la problemática en cada empresa

Todas estas propuestas a las que nos hemos ido refiriendo, provenientes de la vía convencional, nos permiten poner en valor la función reguladora que puede desplegar la negociación colectiva en este ámbito. Por ello, se hace necesario animar y apoyar a las organizaciones sindicales y empresariales en la introducción de cláusulas negociales sobre esta materia.

Dentro del margen de maniobra que tiene la negociación colectiva, los convenios colectivos son un instrumento idóneo para acoger medidas que no prevé la ley en estos momentos y que, sin embargo, se revelan como eficaces para la protección de la trabajadora víctima de violencia de género. En este conjunto de medidas se encontrarían algunas de las que han sido mencionadas anteriormente como propuestas para una reforma de la LOVG y que, a la espera de dicha regulación legal y mientras no se produce, pueden canalizarse a través de la vía convencional.

VI. BIBLIOGRAFÍA

AGENCIA DE LOS DERECHOS HUMANOS DE LA UNIÓN EUROPEA (FRA): *Violencia de género contra las mujeres: una encuesta a escala de la UE*, Oficina de Publicaciones de la Unión Europea, Luxemburgo, 2014.

ÁLVAREZ CUESTA, Henar: «La protección laboral y social de las víctimas de violencias sexuales en la Ley Orgánica 10/2022, de 6 de septiembre, de garantía integral de la libertad sexual», *Temas Laborales*, núm. 166, 2023.

ÁLVAREZ CUESTA, Henar: «Ley 4/2023, de 28 de febrero, para la igualdad real y efectiva de las personas trans y para la garantía de los derechos de las personas LGTBI», *Briefs AEDTSS*, núm. 18, 2023.

ARAGÓN GÓMEZ, Victoria y ALCINA AZNAR, Antonio Sergio: «Violencia de género contra las mujeres: la complicidad silenciada», *Femeris*, vol. 6, núm. 3, 2021

ARAMENDI SÁNCHEZ, José Pablo: «Los aspectos laborales de la Ley de Medidas de protección Integral contra la Violencia de Género», *Revista de Derecho Social*, núm. 30, 2005.

ARIAS DOMÍNGUEZ, Ángel: *Protección laboral y de Seguridad Social de la violencia de género*, Universidad de Extremadura, Cáceres, 2008.

BALLESTER PASTOR, María Amparo: *El período de prueba*, Tirant lo Blanch, Valencia, 1995.

BARREIRO GONZÁLEZ, Germán: «El período de prueba» en BORRAJO DACRUZ, Efren (Dir.): *Comentarios a las leyes laborales. El Estatuto de los Trabajadores*, EDERSA, T. IV, Madrid, 1983.

BENITO BENÍTEZ, Mª. Angustias: «La función tuteladora del sistema de seguridad social en la lucha contra la violencia de género», *Revista General de Derecho del Trabajo y de la Seguridad Social*, núm. 55, 2020.

BERMÚDEZ FIGUEROA, Eva y LÓPEZ, Irene: «Mujeres y Sindicalismo. La eterna pugna», *La Brecha*, núm. 23, 2024.

BLASCO RASERO, Cristina: «La ley de protección integral contra la violencia de género. Perspectiva social», *Revista Española de Derecho del Trabajo*, núm. 128, 2005.

CALVO GALLEGO, Francisco Javier: «El tratamiento de la violencia de género por la negociación colectiva», *Trabajo, Persona, Derecho, Mercado*, núm. 2, 2021.

CAMPS RUIZ, Luis Miguel y RAMÍREZ MARTÍNEZ, Juan Manuel (Coords.): *Derecho del Trabajo*, Tirant lo Blanch, Valencia, 2014.

CAVAS MARTÍNEZ, Faustino: «La protección jurídico-laboral de las mujeres víctimas de violencia de género», en SÁNCHEZ TRIGUEROS, Carmen (Dir.): *La presencia femenina en el mundo laboral: metas y realidades*, Thomson-Aranzadi, Cizur Menor (Navarra), 2006.

DA COSTA NEWTON, Paula C.: *Empleo y sexismo: medidas de protección e inserción sociolaboral de las mujeres víctimas de violencia de género en el seno de la pareja*, Tirant lo Blanch, Valencia, 2011.

DE CASTRO MEJUTO, Luis Fernando: «La protección de la víctima de violencia de género (III): suspensión del contrato» en MELLA MÉNDEZ, Lourdes (Dir.): *Violencia de Género y Derecho del Trabajo*, La Ley, Madrid, 2012.

DE LA FLOR FERNÁNDEZ, Mª Luisa: «Medidas de protección social previstas en la Ley Orgánica 1/2004, de 28 de diciembre, de medidas de protección integral contra la violencia de género» en CERVILLA GARZÓN, Mª José y FUENTES RODRÍGUEZ, Francisca (Dirs.): *Mujer, violencia y derecho*, Universidad de Cádiz, Cádiz, 2018.

DE LA PUEBLA PINILLA, Ana: «Aspectos laborales y de protección social en la Ley Orgánica 1/2004, de 28 de diciembre, de medidas de protección integral contra la violencia de género», *Relaciones Laborales*, núm. 6, 2005.

DE VAL TENA, Ángel L.: «Extinción del contrato de trabajo durante el período de prueba», *Revista de Estudios Jurídico Laborales y de Seguridad Social*, núm. 2, 2021.

DE VAL TENA, Ángel L.: *Pacto de prueba y contrato de trabajo*, Civitas, Madrid, 1998.

ENCUESTA EUROPEA DE VIOLENCIA DE GÉNERO 2022. Informe ejecutivo. https://violenciagenero.igualdad.gob.es/violenciaEnCifras/Encuesta_Europea/docs/Res_ejecutivo.pdf.

EUROFOUND: *Living, working and COVID-19, COVID-19 series*, Publications Office of the European Union, Luxemburgo, 2020.

FABREGAT MONFORT, Gemma: «La movilidad geográfica de la trabajadora víctima de violencia de género: algunos aspectos críticos del art. 40.3 bis ET», *Revista Europea de Derechos Fundamentales*, núm. 19, 2012.

FARALDO CABANA, Cristina: «La acreditación de la condición de víctima de violencia de género como requisito necesario para ser titular de los derechos laborales reconocidos en la Ley Orgánica 1/2004, de 28 de diciembre», *Aequalias. Revista Jurídica de Igualdad de Oportunidades entre Mujeres y Hombres*, núm. 29, 2011.

FERNÁNDEZ LÓPEZ, Mª Fernanda: *La dimensión laboral de la violencia de género*, Bomarzo, Albacete, 2005.

FERNÁNDEZ ORRICO, Frco. Javier: «Un estudio comparativo acerca de la protección jurídico laboral entre las víctimas de violencia de género y de violencias sexuales», *Revista Española de Derecho del Trabajo*, núm. 269, 2023.

FERNÁNDEZ URRUTIA, Aránzazu: «Avances, reflexiones y nuevas propuestas en torno a la protección social frente a la violencia de género: acreditación, intervención en el ámbito sanitario y salvaguarda de la actividad laboral», *Revista del Ministerio de Trabajo y Asuntos Sociales*, núm. Extra 3, 2007.

FERRADANS CARAMÉS, Carmen: «Medidas laborales de la ley de protección contra la violencia de género y negociación colectiva», *Revista de Derecho Social*, núm. 32, 2005.

FERREIRO REGUEIRO, Consuelo: «Violencia de género y negociación colectiva» en MELLA MÉNDEZ, Lourdes (Dir.): *Violencia de Género y Derecho del Trabajo,* La Ley, Madrid, 2012.

FRAGUAS MADURGA, Lourdes: «El reconocimiento por la negociación colectiva de los derechos laborales de las víctimas de violencia de género», *Nueva Revista Española de Derecho del Trabajo,* núm. 188, 2016.

FUNDACIÓN UNIVERSIDAD ALCALÁ DE HENARES: *Impacto de la violencia de género y de la violencia sexual contra las mujeres en España (II): una valoración de sus costes en 2022,* Ministerio de Igualdad. Centro de Publicaciones, Madrid, 2024.

FUNDACIÓN ADECCO: *Informe Violencia de género y empleo 2023,* https://fundacionadecco.org/wp-content/uploads/2023/11/Informe-Violencia-de-genero-y-empleo-1.pdf.

GALA DURÁN, Carolina: «Violencia de género y Derecho del Trabajo: una aproximación a las diversas medidas previstas», *Relaciones Laborales,* núm. 1, 2005.

GALLEGO MOYA, Fermín: *El período de prueba en el contrato de trabajo,* Thomson Reuters Aranzadi, Cizur Menor (Navarra), 2016.

GARCÍA NINET, José Ignacio (Dir.): *Comentarios a la Ley de Igualdad, CISS,* Bilbao, 2007.

GARCÍA NINET, José Ignacio: «Medidas laborales previstas en la Ley Orgánica 1/2004, de 28 de diciembre, de medidas de protección integral contra la violencia de género (I)», *Tribuna Social,* núm. 169, 2005.

GARCÍA NINET, José Ignacio: «Medidas laborales previstas en la Ley Orgánica 1/2004, de 28 de diciembre, de medidas de protección integral contra la violencia de género (II)», *Tribuna Social,* núm. 170, 2005.

GARCÍA NINET, José Ignacio: «Medidas laborales previstas en la Ley Orgánica 1/2004, de 28 de diciembre, de medidas de protección integral contra la violencia de género (y III)», *Tribuna Social,* núm. 171, 2005.

GARCÍA ROMERO, Belén: «La violencia de género desde la perspectiva del derecho del trabajo y de la seguridad social», *Aranzadi Social,* núm. 11, 2012.

GARCÍA TESTAL, Elena: *Derechos de las trabajadoras víctimas de la violencia de género,* Tirant lo Blanch, Valencia, 2014.

GARCÍA TESTAL, Elena: «Derecho del trabajo y violencia de género» en MARTÍNEZ GARCÍA, E. (Dir.): *La Prevención y Erradicación de la Violencia de Género. Un estudio multidisciplinar y forense,* Thomson Reuters Aranzadi, Cizur Menor (Navarra), 2012.

GARCÍA TESTAL, Elena y FERNÁNDEZ PRATS, Celia: «Medidas de protección para garantizar la estabilidad laboral y social de las víctimas de violencia de género» en BOIX REIG, Javier y MARTÍNEZ GARCÍA, Elena (Coords.): *La nueva ley contra la violencia de género. (LO 1/2004, de 28 de diciembre)*, Iustel, Madrid, 2005.

GOERLICH PESET, José Mª: «¿Qué ha pasado con los derechos laborales de las víctimas de violencia sexual?», *El Foro de Labos*, 7 de marzo de 2023, https://www.elforodelabos.es.

GÓMEZ GARCÍA, Francisco Xabiere: «Despido con vulneración de derechos fundamentales de víctima de violencia de género», *Revista Jurídica de la Universidad de León*, núm. 9, 2021.

GÓMEZ GARCÍA, Francisco Xabiere: «El tratamiento de la violencia de género en la negociación colectiva» en FERNÁNDEZ DOMÍNGUEZ, Juan José (Dir.): *Nuevos escenarios y nuevos contenidos de la negociación colectiva*, MITES, Madrid, 2020.

GÓMEZ GARCÍA, Francisco Xabiere: «¿Despido improcedente de víctima de violencia de género o vulneración de su derecho a la indemnidad?», *Revista Jurídica de la Universidad de León*, núm. 5, 2018.

GÓMEZ SALADO, Miguel Ángel: «Despido objetivo y faltas de asistencia al trabajo como consecuencia de la violencia de género», *Revista de Trabajo y Seguridad Social. CEF*, núm. 410, 2017.

Informe elaborado por la Subdirección General de Estadística y Análisis Sociolaboral del Ministerio de Trabajo y Economía Social. 25 de octubre de 2024. https://www.mites.gob.es/ficheros/ministerio/sec_trabajo/analisis_mercado_trabajo/EPA/2024/Tercer_trimestre/EPA-2024-T3-MITES-SGEAS.pdf

Informe. Presencia de las mujeres en la empresa Española. Marzo 2024. https://www.igualdadenlaempresa.es/recursos/estudiosMonografia/docs/Presencia_de_las_mujeres_en_la_empresa_espanola.pdf.

Informe Estructura y Dinámica empresarial en España. https://industria.gob.es/es-es/estadisticas/Estadisticas_Territoriales/Estructura-Dinamica-Empresarial-2023.pdf.

Informe del Grupo de Expertos y Expertas en violencia doméstica y de género del Consejo General del Poder Judicial acerca de los problemas técnicos detectados en la aplicación de la Ley Orgánica 1/2004, de medidas de protección integral contra la violencia de género y en la de la normativa procesal, sustantiva y orgánica relacionada, y sugerencia de reforma que los abordan, de 11 enero de 2011.

Informe anual del Observatorio de Violencia sobre la Mujer. Ministerio de Trabajo y Asuntos Sociales de 28 de junio de 2007.

Informe del Grupo de Expertos y de Expertas en Violencia Doméstica y de Género del Consejo General del Poder Judicial acerca de los problemas técnicos detectados en la aplicación de la LO 1/2004, de medidas de protección integral contra la violencia de género, y sugerencias de reforma legislativa que los abordan, de 20 de abril de 2006.

KAHALE CARRILLO, D. Tony: «Violencia de género» en SÁNCHEZ TRIGUEROS, Carmen (Dir.): *El principio de igualdad en la negociación colectiva*, MEYSS, Madrid, 2016.

LÓPEZ-QUIÑONES GARCÍA, Antonio: «La modificación de las condiciones de trabajo de las trabajadoras víctimas de violencia de género: reducción o reordenación del tiempo de trabajo y movilidad geográfica o de centro de trabajo» en QUESADA SEGURA, Rosa (Dir.) y PERÁN QUESADA, Salvador (Coord.): *La perspectiva laboral de la protección integral de las mujeres víctimas de violencia de género*, Comares, Granada, 2009.

LOUSADA AROCHENA, José Fernando: «Aspectos laborales y de seguridad social de la violencia de género en la relación de pareja», *Revista del Poder Judicial*, núm. 88, 2009.

LOUSADA AROCHENA, José Fernando: «La protección de las víctimas de violencia de género en la negociación colectiva» en LOUSADA AROCHENA, José Fernando (Coord.): *El principio de igualdad en la negociación colectiva*, Ministerio de Trabajo e Inmigración, Madrid, 2008.

LOUSADA AROCHENA, José Fernando: «Aspectos laborales y de Seguridad Social de la violencia de género en la relación de pareja». *Actualidad Laboral*, Tomo I, 2005.

LUJÁN ALCARAZ, José: «Art. 73. Acciones de responsabilidad social de las empresas en materia de igualdad» en SEMPERE NAVARRO, Antonio V. y SÁNCHEZ TRIGUEROS, Carmen (Dirs.): *Comentarios a la Ley Orgánica 3/2007, de 22 de marzo, para la Igualdad Efectiva de Mujeres y Hombres*, Thomson Reuters Aranzadi, Cizur Menor (Navarra), 2008.

MARTÍN VALVERDE, Antonio: «La Ley de Protección Integral contra la Violencia de «Género»: análisis jurídico e ideológico», *Relaciones Laborales*, Vol. II, 2006.

MARTÍNEZ YAÑEZ, Nora: «La protección de la víctima de violencia de género en el ET (I): reducción y ordenación del tiempo de trabajo» en MELLA MÉNDEZ, Lourdes (Dir.): *Violencia de género y Derecho del Trabajo*, La Ley, Madrid, 2012.

MATEU CARRUANA, María Josefina: *Medidas laborales de protección social y de fomento del empleo para las víctimas de violencia de género*, Dykinson, Madrid, 2007.

MEDINA CASTILLO, Enrique: «El régimen extintivo del contrato de la trabajadora víctima de violencia de género. Aspectos procesales» en QUESADA SEGURA, Rosa (Dir.) y QUESADA PERÁN, Salvador: *La perspectiva laboral de la protección integral de las mujeres víctimas de violencia de género*, Comares, Granada, 2009.

MELLA MÉNDEZ, Lourdes (Dir.): *Violencia de Género y Derecho del Trabajo*, La Ley, Madrid, 2012.

MELLA MÉNDEZ, Lourdes: «La suspensión por violencia de género del contrato de la trabajadora por cuenta ajena: algunos puntos críticos» en BORRAJO DACRUZ, Efrén (Dir.): *Mujer, trabajo y Seguridad Social*, La Ley, Madrid, 2010

MENÉNDEZ SEBASTIÁN, Paz y VELASCO PORTERO, Teresa: *La incidencia de la violencia de género en el contrato de trabajo*, Ediciones Cinca, Madrid, 2006.

MINISTERIO DE LA PRESIDENCIA, RELACIONES DE LAS CORTES E IGUALDAD: *El impacto de la violencia de género en España: una valoración de sus costes en 2016*, Centro de Publicaciones, Madrid, 2019.

MOLINA NAVARRETE, Cristóbal: «Las dimensiones socio-laborales de la «lucha» contra la «violencia de género»: a propósito de la LO 1/2004, de 28 de diciembre, de medidas de protección integral contra la violencia de género», *Revista de Trabajo y Seguridad Social. CEF*, núm. 264, 2005.

MONEREO PÉREZ, José Luis y TRIGUERO MARTÍNEZ, Luis Ángel.: *La víctima de violencia de género y su modelo de protección social*, Tirant la Blanch, Valencia, 2009.

MONEREO PÉREZ, José Luis y TRIGUERO MARTÍNEZ, Luis Ángel: «La protección socio-jurídica de la víctima de violencia de género» en QUESADA SEGURA, Rosa (Dir.) y PERÁN QUESADA, Salvador (Coord.): *La perspectiva laboral de la protección integral de las mujeres víctimas de violencia de género*, Comares, Granada, 2009.

MORENO GENÉ, Josep: «Medidas de tutela de las trabajadoras víctimas de violencia de género desde la perspectiva de la protección social», en RODRÍGUEZ ORGAZ, Cristina y ROMERO BURILLO, Ana Mª (Coords.): *La protección de la víctima de violencia de género. Un estudio multidisciplinar tras diez años de la aprobación de la Ley Orgánica 1/2004*, Thomson Reuters-Aranzadi, Cizur Menor (Navarra), 2016.

MORENO GENÉ, Josep y ROMERO BURILLO, Ana Mª: *Medidas laborales y de protección social de la trabajadora víctima de violencia de género*, Tirant lo Blanch. Valencia, 2020.

MUÑOZ RUIZ, Mayka; ANTÓN FERNÁNDEZ, Eva y GARCÍA BUJARRABAL, Diana: *El feminismo en las políticas de las centrales sindicales en España*, Instituto de las Mujeres, Madrid, 2023.

OBSERVATORIO NACIONAL DE TECNOLOGÍA Y SOCIEDAD: *El teletrabajo en España. Antes, durante y después de la pandemia*, Ministerio de Asuntos Económicos y Transformación Digital, Madrid, 2022.

ORGANIZACIÓN MUNDIAL DE LA SALUD, *Violence against women Prevalence Estimates, 2018. Estimaciones mundiales, regionales y nacionales de la prevalencia de la violencia de pareja contra la mujer y estimaciones mundiales y regionales de la prevalencia de la violencia sexual sufrida por la mujer por alguien que no es su pareja*. OMS, Ginebra, 2021. https://www.who.int/es/news-room/fact-sheets/detail/violence-against-women.

ORTEGA CALDERÓN, Juan Luis: «La acreditación de las situaciones de violencia de género», consultado en https://el derecho.com/ortega-calderon

PÉREZ YAÑEZ, Rosa Mª:« La protección social de las víctimas de violencia de género», *Revista de Trabajo y Acción Social*, núm. 35, 2005

PIQUERAS PIQUERAS, Mª Carmen: *La extinción del contrato durante el período de prueba como despido*, Ibidem, Madrid, 1995.

QUESADA SEGURA, Rosa (Dir.) y PERÁN QUESADA, Salvador (Coord.): *La perspectiva laboral de la protección integral de las mujeres víctimas de violencia de género*, Comares, Granada, 2009

QUESADA SEGURA, Rosa: «La violencia como discriminación por razón de género» en QUESADA SEGURA, Rosa (Dir.) y PERÁN QUESADA, Salvador (Coord.): *La perspectiva laboral de la protección integral de las mujeres víctimas de violencia de género*, Comares, Granada, 2009.

QUESASA SEGURA, Rosa: «La no discriminación, la igualdad de trato y de oportunidades, en el ordenamiento europeo: Del Convenio Europeo de Derechos Humanos del Consejo de Europa, a los Tratados y a la Carta de los Derechos Fundamentales de la Unión Europea», *Revista del Ministerio de Trabajo y Asuntos Sociales*, núm. Extra 3, 2007

QUINTANILLA NAVARRO, Raquel Yolanda: «Extinción de contrato de trabajo durante el período de prueba y lesión de derechos fundamentales», *Revista Española de Derecho del Trabajo*, núm. 164, 2014.

QUINTANILLA NAVARRO, Beatriz: «Violencia de género y derechos sociolaborales: LO 1/2004, de 28 de diciembre, de Medidas de Protección Integral contra la Violencia de Género», *Temas Laborales*, núm. 80, 2005.

RAMALLO MIÑÁN, Elena del Pilar: «Problemática laboral de las víctimas de violencia de género: desajustes competenciales y jurídicos», *Revista Acta Judicial*, núm. 7, 2020.

ROLDÁN MARTÍNEZ, A.: «Derechos laborales y protección de Seguridad Social de las mujeres víctimas de violencia de género en España», *Noticias CIELO*, núm. 1, 2019.

ROMAN MARTÍN, Laura: «Marco internacional de protección de las víctimas de violencia de género» en GIMÉNEZ COSTA, Ana (Dir.): *Las respuestas del derecho ante la violencia de género desde un enfoque multidisciplinar*, Thomson Reuters Aranzadi, Cizur Menor (Navarra), 2019.

RODRÍGUEZ ORGAZ, Cristina y ROMERO BURILLO, Ana Mª (Coords.): *La protección de la víctima de violencia de género. Un estudio multidisciplinar tras diez años de la aprobación de la Ley Orgánica 1/2004*, Thomson Reuters Aranzadi, Cizur Menor (Navarra), 2016

ROMERO BURILLO, Ana Mª: «Las medidas laborales de protección de la trabajadora víctima de violencia de género» en RODRÍGUEZ ORGAZ, Cristina y ROMERO BURILLO, Ana Mª (Coords.): *La protección de la víctima de violencia de género. Un estudio multidisciplinar tras diez años de la aprobación de la Ley Orgánica 1/2004*, Thomson Reuters Aranzadi, Cizur Menor (Navarra), 2016.

ROMERO PARDO, Paz: «La protección de las víctimas de violencia de género en el ordenamiento jurídico internacional» en QUESADA SEGURA, Rosa (Dir.) y QUESADA PERÁN, Salvador (Coord.): *La perspectiva laboral de la protección integral de las mujeres víctimas de violencia de género*, Comares, Granada, 2009.

RUANO RODRÍGUEZ, Lucía: «La protección de las víctimas de violencia de género en el ámbito del trabajo y de la seguridad social: aspectos sustantivos y procesales», *Cuadernos de Derecho Judicial, «Trabajo y Familia en la Jurisdicción Social. Conciliación de la vida familiar y laboral y protección contra la violencia de género»*, Consejo General del Poder Judicial, Madrid, 2007.

SÁNCHEZ TRIGUEROS, Carmen (Dir.): *El principio de igualdad en la negociación colectiva*, Ministerio de Emples y Seguridad Social, Madrid, 2016.

SÁNCHEZ TRIGUEROS, Carmen: «La violencia de género en el trabajo. Perspectiva de Seguridad Social», en AAVV: *Violencia de género. Perspectiva multidisciplinar y práctica forense*, Aranzadi, 2007.

SÁNCHEZ TRIGUEROS, Carmen: «La violencia de género en el trabajo. Perspectiva de Seguridad Social», *Revista General de Derecho del Trabajo y de la Seguridad Social*, núm. 14, 2007.

SÁNCHEZ TRIGUEROS, Carmen (Dir.): *La presencia femenina en el mundo laboral: metas y realidades*, Thomson-Aranzadi, 2006.

SANZ CABALLERO, Susana: «La violencia contra la mujer como lacra global: Estudio de los países visitados entre 2015 y 2020 por la Relatora Especial de Naciones Unidas sobre violencia contra la mujer», *Femeris*, vol 7, núm. 1, 2022.

SANZ MULAS, Nieves; GONZÁLEZ BUSTOS, Mª Ángeles y MARTÍNEZ GALLEGO, Eva Mª.: *Ley de medidas de protección integral contra la violencia de género*, Iustel, Madrid, 2005.

SANZ SÁEZ, Concepción: «Medidas de protección laboral y de seguridad social para la víctima de violencia de género», *Femeris*, vol. 4, núm. 2, 2019.

SELMA PENALVA, Alejandra: «La incidencia de la violencia de género sobre las normas laborales», *Actualidad Laboral*, núm. 9, 2011.

SEMPERE NAVARRO, Antonio V. y SÁNCHEZ TRIGUEROS, Carmen (Dirs.): *Comentarios a la Ley Orgánica 3/2007, de 22 de marzo, para la Igualdad Efectiva de Mujeres y Hombres*, Thomson Reuters Aranzadi, Navarra, 2008.

SEMPERE NAVARRO, Antonio V.: «Aspectos sociolaborales de la LO 1/2004, de 28 de diciembre», en MUERZA ESPARZA, Julio (Coord.): *Comentario a la Ley Orgánica de Protección integral contra la violencia de género. Aspectos jurídicos penales, procesales y laborales*, Thomson-Aranzadi, 2005.

SEMPERE NAVARRO, Antonio V. y BARRIOS BAUDOR, Guillermo L.: «Protección en el ámbito social» en RIVAS VALLEJO, Mª Pilar y BARRIOS BAUDOR, Guillermo L. (Dirs.): *Violencia de Género. Perspectiva Multidisciplinar y Práctica Forense*, Aranzadi, Cizur Menor (Navarra), 2007.

SENET VIDAL, Mª José: «Artículo 73. Acciones de responsabilidad social» en GARCÍA NINET, José Ignacio (Dir.): *Comentarios a la Ley de Igualdad*, CISS, Bilbao, 2007.

TERRADILLOS ORMAETXEA, Edurne: «La protección de la víctima de violencia de género en el ET (II): movilidad geográfica» en MELLA MÉNDEZ, Lourdes (Dir.): *Violencia de género y derecho del trabajo, Estudios Actuales sobre puntos críticos*, La Ley, Madrid, 2012.

USHAKOVA, Tatsiana: «La violencia de género desde la perspectiva del derecho internacional» en MELLA MÉNDEZ, Lourdes (Dir.): *Violencia de género y*

Derecho del Trabajo: estudios actuales sobre puntos críticos, La Ley, Madrid, 2012.

VENTURA FRANCH, Asunción (Dir.): *El derecho a la protección social de las víctimas de violencia de género. Estudio sistemático del Título II de la Ley Orgánica 1/2004, de 28 de diciembre, de protección integral contra la violencia de género de acuerdo a la distribución territorial del Estado*, Ministerio de Trabajo y Asuntos Sociales, Madrid, 2005.

VIGO SERRALVO, Francisco: «La protección de la mujer víctima de violencia de género a través de nuestro sistema de protección social. Algunas reflexiones conceptuales» en AAVV.: *Protección a la Familia y Seguridad Social. Hacia un nuevo modelo de Protección Sociolaboral. II Congreso Internacional y XV Congreso Nacional de la Asociación Española de Salud y Seguridad Social*, Laborum, Murcia, vol. 2, 2018.

VILA TIERNO, Francisco: «Medidas de mantenimiento de empleo para las trabajadoras víctimas de violencia de género» en QUESADA SEGURA, Rosa (Dir.) y QUESADA PERÁN, Salvador (Coord.): *La perspectiva laboral de la protección integral de las mujeres víctimas de violencia de género*, Comares, Granada, 2009.